FUCK!
IK BEN EEN FEMINIST

FUCK!
IK BEN EEN FEMINIST

Roos Wouters

UITGEVERIJ AUGUSTUS
AMSTERDAM • ANTWERPEN

Copyright © 2008
Roos Wouters en uitgeverij Augustus, Amsterdam
Omslagfoto Caro Schenk
Foto van de auteur Jessica Hooghiemstra
Omslagontwerp Nanja Toebak
Typografie binnenwerk Floor Koomen

isbn 978 90 457 0196 7
nur 756

www.augustus.nl
www.rooswouters.nl

Inhoud

Inleiding
Een moderne supervrouw   7

1.   **Hoe ik in de zandbak belandde**   13

2.   **Baas in oude lege buik,**   45
maar financieel onafhankelijk
Jolande Withuis en Christien Brinkgreve
over hun feminisme

3.   **Het persoonlijke is politiek**   65
maar ook sociaal
Lot- en generatiegenoten over
hun idealen en knelpunten

4.   **Werk en zorg combineren:**   122
nu echt
Werkgeversverenigingen,
werkgevers en werknemers

Slot
Ik ben een femanist!   143

Inleiding
Een moderne supervrouw

Ik was een moderne supervrouw met een indrukwekkende baan, twee geweldige kinderen en een fantastische man. We woonden midden in het centrum van Amsterdam en hadden naast ons gezinsleven ook nog een druk sociaal leven. Eén keer per jaar gingen we met het gezin op vakantie. En Joost en ik gingen ook samen altijd een weekendje weg. Bovendien had ik na de komst van mijn kinderen mijn figuur weten te behouden en begeerde Joost mij nog steeds. Ik had het allemaal.

Tot dat ene moment. Het moment waarop ik mijn vierjarige zoon zomaar op het schoolplein vergat. Achteraf kan ik het allemaal verklaren, maar op dat moment tolde alles met een grote vaart rond en rond tot het met een enorme knal explodeerde. Joost dwong mij me ziek te melden, mijn werk stuurde me naar de arbo-arts en die verklaarde me zo overspannen als een deur.

'*Musturbation*,' had de arbo-arts grappend gezegd. Ik had net als veel andere ambitieuze jonge moeders in deze tijd last van overmatig moeten. Ik moést alles, en van niemand anders dan mijzelf. Eerst moest ik maar eens leren om me te ontspannen, zo adviseerde hij. 'Ga maar eens twee maanden met je blote voeten in de zandbak naar je kinderen zitten kijken.' Zogezegd om te ont-moeten.

Ik wilde niets liever dan minder moeten, maar sinds ik mijn eerste kind had gekregen, leek de lijst van dingen die ik moest alleen maar te groeien. Dat ik altijd al maling had gehad aan alles wat ik moest en ruim voor de komst van mijn eerste kind was begonnen mij zo min mogelijk aan te trekken van alle verwachtingen en verplichtingen, dat had kennelijk niet geholpen. Het leek er eerder op dat ik juist aan die verwachtingen en verplichtingen had voldaan. Ik had geprobeerd om vierentwintig uur per dag een supervrouw te zijn. Op alle fronten, op alle momenten, van voor naar achter. Tot het lijntje knapte.

Wat was er gebeurd? Ik probeerde te begrijpen hoe alles in zijn tegendeel was omgeslagen. Kortgeleden was ik nog een geëmancipeerde vitale vrouw die werk en gezin, relatie en sociaal leven elegant wist te combineren. Alle hindernissen en hordes nam ik met souplesse en lukte me dat niet, dan was dat een goede oefening voor de volgende keer. Dan zou ik nog beter mijn best doen en alle obstakels als een volleerd slangenmens omzeilen. Ik begreep dan ook niet waar tweedegolffeministen over zeurden: de mannen in mijn omgeving deden zoveel meer dan onze vaders en geen van hen legde mij een strobreed in de weg. Juist de feministen ervoer ik als verzuurd, dwingend en hinderlijk omdat zíj me steeds wilden vertellen wat ik moest doen en laten. Ik zag mannen als partners, niet als representanten van het patriarchaat dat koste wat kost misbruik van mij probeerde te maken. Joost zou niet eens willen dat ik ook maar een béétje op een huisvrouw zou lijken, *wij* werkten alle twee parttime en hadden het beste van beide. Zoals onze ouders en grootouders hadden gezwoegd en getobd, zo zouden wij van elkaar en het leven genieten. Wij hadden alles onder controle.

Maar hoe graag ik dat plaatje ook in stand wilde houden, ergens onderweg was ik de controle kwijtgeraakt en met grote vaart tegen een betonnen muur op gelopen. Daar kon ik Joost of het patriarchaat onmogelijk de schuld van geven. Ik had het zelf gedaan en moest het ook zelf weer ongedaan zien te maken – maar hoe?

Daar zat ik dan: overspannen en wel met een kind van vier en een pasgeboren baby op doktersadvies in de zandbak. Aanvankelijk dacht ik dat het mijn eigen tekortkoming was dat ik de combinatie van werk en zorg niet had weten vol te houden. Ik vroeg me af of ik mijn slangenmanoeuvres beter had moeten oefenen. Of ik minder had moeten werken, zodat ik mij meer op mijn kinderen had kunnen richten. Of had ik juist méér moeten werken, zodat ik genoeg geld zou verdienen om mijn kinderen en het huishouden volledig uit te besteden? Welke steek had ik laten vallen? En was ik de enige die de combinatie niet vol wist te houden? Vanuit de zandbak observeerde ik andere ouders. Ik luisterde naar de gesprekken en kwam gaandeweg tot de conclusie dat zij allemaal tegen min of meer dezelfde hindernissen aan liepen als ik. Ook zij hadden moeite om alle ballen in de lucht te houden.

Even was ik opgelucht: het lag dus niet alleen aan mij. Maar de opluchting was van korte duur, want toen kwamen de vragen. Heel veel vragen. Waarom stond de verhouding tussen werk en kinderen voor de meeste ouders zo onder spanning? Dat was toch niet altijd zo geweest? Waren de verhoudingen met de tijd scheefgegroeid?

Ik dacht aan de tijd van mijn grootouders, waarin de rollen en verantwoordelijkheden overzichtelijk verdeeld waren. Niet dat die tijd een zegen was; ook zij waren niet gelukkig met die strikte rolverdeling. Maar duidelijk was het wél. Oma zorgde voor het huishouden en de kinderen, opa voor de kost. Op dat moment realiseerde ik me dat ik had geprobeerd de ambities van zowel mijn oma als mijn opa te combineren. Ik wilde het allebei, en niet omdat ik verwend was maar uit angst. Uit angst om een huisvrouwtje te blijven, achterop te raken, kansen te missen, vrijheid te laten schieten. Dit was dus de prijs van de vrijheid die de generatie van mijn ouders had bevochten: kiezen is verliezen, maar niet kiezen is onmogelijk. Zoals mijn grootmoeder voor de kinderen en het huishouden had gezorgd terwijl mijn grootvader de kost verdiende, zo moest ik van mijzelf al die dingen tegelijk. Thuis wilde ik niet onderdoen voor mijn grootmoeder, op het werk niet voor mijn grootvader. Ik had geprobeerd twee levens te leiden in de tijd van één. En daarin had ik gefaald.

Eenmaal uit de zandbak begon ik het heel vreemd te vinden dat vrijwel niemand protesteerde tegen de groeiende takenpakketten en de dwingende eisen van het moderne bestaan. Waarom gaven mannen en vrouwen niet aan dat zij niet in hun grootmoeder en grootvader tegelijk kunnen veranderen? Niet fulltime, althans. Waarom zouden vrouwen níét ambitieus zijn als ze het beste van beide, willen combineren, en waarom zouden mannen wel ambitieus zijn als zij dat níét willen? Waarom wordt er niet meer gedaan om de combinatie van werk en zorg mogelijk te maken? Is volledige deelname van mannen en vrouwen aan de arbeidsmarkt dan het einddoel van de emancipatie? En de kinderen dan? Waarom staat het bruto nationaal product altijd boven het bruto nationaal geluk?

Ik besloot niet langer in stilte toe te kijken, ik ging protesteren! Maar in plaats van enthousiaste reacties ontmoette ik meewarigheid en chagrijn. Vooral de vrouwen in mijn omgeving deinsden geschrokken terug. Protesteren? We moesten dankbaar zijn voor onze vrijheid. En bovendien: we zijn toch geen feministen? Opeens schoot het door me heen: fuck, ik ben een feminist.

Die schokkende ontdekking ligt ten grondslag aan dit boek. Ik wil een beeld schetsen van de vragen, idealen en knelpunten van mijn generatie. In tegenstelling tot dat wat vaak beweerd wordt, is deze generatie niet verwend, zij wil juist alles combineren uit vrees kansen te laten liggen. De belangrijkste keuzemomenten in het leven schuift zij voor zich uit, omdat zij niet durft te kiezen. Kinderen worden steeds meer als hinderen beschouwd, en dat kan toch niet de bedoeling zijn. Verder wil ik laten zien dat vrouwen niet alleen last hebben van een glazen plafond, maar dat mannen net zo goed last hebben van een glazen vloer. Emancipatie wordt vaak gezien als de strijd waarbij vrouwen traditionele mannenrechten opeisen en mannen enkel kunnen inschikken. Alsof de rol van de traditionele man de enige begeerlijke is. Maar steeds meer mannen willen ook een aandeel in de opvoeding van de kinderen en in het huishouden. Tegenover het onbehagen van de vrouw staat het onbehagen van de man: emancipatie is niet alleen een zaak van vrouwen die toe willen treden tot het machtsterrein van mannen, ook mannen willen zich steeds vaker bevrijden uit hun knellende rol en toetreden tot het machtsterrein van vrouwen. De traditionele rolverdeling wordt door zowel mannen als vrouwen als beperkend ervaren en is onderhevig aan verandering en, of we willen of niet: dat heeft enorme gevolgen voor de samenleving als geheel. Maar hoe moet de samenleving worden ingericht nu Jan en Truus Modaal niet meer bestaan?

Wat zijn de basisvoorwaarden waaraan voldaan moet worden voordat moderne mensen aan kinderen beginnen? Hoe ziet de ideale werkweek er dan uit? En wat is de reden dat mannen en vrouwen toch zo lijken te berusten in hun moderne spagaat?

Door mijn eigen verhaal te vertellen en lot- en generatiegenoten aan het woord te laten over hun leven en ambities, hun problemen en idealen probeer ik antwoorden te vinden op al deze vragen. Ook laat ik twee feministen uit de tweede golf aan het woord. Ik wil weten wat feminisme voor hen betekent. Klopt het beeld dat ik van feministen heb, en waar moet het naartoe met het hedendaagse feminisme? Ook vraag ik hun of het feminisme niet hopeloos ouderwets is nu ook mannen zorgen en vrouwen werken. De seksestrijd is toch allang gestreden?

1. Hoe ik in de zandbak belandde

Het begon als een grap, alsof we stiekem plannen maakten om een bank te beroven. Het was ons geheim, en als het ons zou lukken, hadden we alles waarvan we droomden. Tegelijkertijd wisten we dat het heel riskant was. Maar hoe langer we erover spraken, hoe logischer het werd.

We wilden een kind. Maar wat is het goede moment om aan kinderen te beginnen? We kenden elkaar pas drie maanden en woonden nog niet eens samen, maar een langere relatie was ook geen garantie voor geluk. We kenden genoeg voorbeelden waar het alsnog was misgelopen. Zelfs het 'Ideale Paar' was kort na de komst van een kind uit elkaar gegaan. En mijn eigen ouders waren wel het beste voorbeeld van het feit dat een langere relatie geen enkele garantie bood voor het harmonieus grootbrengen van kinderen.

Liggend op een kleedje aan de Amstel zetten we alle mitsen en maren op een rij. 'Moet je niet eerst afstuderen?' vroeg Joost. Ik had nog maar een jaar te gaan, en dan zou ik doctorandus in de politicologie zijn. Het was niet gek om te wachten tot ik mijn bul had behaald, maar nou ook weer niet een vereiste. Ik haalde mijn schouders op: 'Ik kan mijn scriptie ook tijdens mijn zwangerschap schrijven. Ik mag dan toch niet meer roken, drinken en feesten en heb dus alle tijd om daaraan te werken. Bovendien wil ik liever een baan bij mijn kind dan een kind bij mijn baan.'

'En mijn krotje,' vroeg ik Joost, 'kunnen we daarin wel een kind groot brengen?' Maar dat vond Joost weer geen enkel bezwaar. Hij vroeg zich af of we genoeg geld verdienden. Hij werkte in de horeca en verdiende wel aardig. Ik kreeg een studiebeurs en een ouderbijdrage en ik werkte als telefonisch enquêtrice bij een marktonderzoekbureau. Ik maakte me niet zo'n zorgen: 'Het is zeker geen vetpot, maar armoede kun je het ook niet noemen. Ik ken niemand die een rotjeugd heeft gehad omdat hij niet in luxe is opgegroeid.' Zonder er lang over na te hoeven denken, konden we zo een aantal pijnpunten opsommen.

'Erachter komen dat je een goedmakertje van een rothuwelijk bent.'

'Of een ongelukje.'

'Wat dacht je van het geval "jíj wilde toch zo graag een kind"?'

'En een kind als prestigeobject. Altijd hippe kleertjes, op alle clubjes en muzieklessen, maar zonder toeschouwers: geen ouder die naar ze omkijkt.'

We besloten dat het wel goed zou komen en dat ons kind later niet naar de psychiater zou moeten omdat hij de nieuwste Nintendo niet van Sinterklaas had gekregen.

Lacherig veegden we alle tegenargumenten van tafel.

Door de wijn en de zon veranderde de toon van ons gesprek. De bootjes die langsvoeren leken allemaal gevuld met jonge gezinnen die vrolijk naar ons zwaaiden. Alsof ze op de hoogte waren van een complot en ons medeplichtig probeerden te maken. Met een brede grijns op mijn gezicht legde ik mijn hoofd op Joosts borst en dacht aan inspecteur Clouseau die alle politiezaken altijd oploste door stug door te vragen. Wij zouden deze zaak nog eens even stevig onder de loep nemen.

'En waarom wij, Joost? Zelfs een bank beroof je alleen met mensen die je al langer kent en die je vertrouwt. Wat weten wij van elkaar?'

Joost antwoordde dat hij er ook wel eens over gedacht had om het alleen te doen, maar zolang hij geen baarmoeder bezat, had hij er toch echt een vrouw bij nodig. Een vrouw die op zoek was naar een vader, want een vrouw zwanger maken was niet zo moeilijk, maar een vader voor dat kind mogen zijn, was een ander verhaal. Ons plan was misschien risicovol maar met wie en na hoeveel tijd kreeg je de garantie dat het leuk bleef?

Ik grinnikte, stuk kon het inderdaad altijd. En al zag ik in mijn toekomstfantasie altijd kinderen maar nooit een man, ik gunde mijn kind een betrokken vader. Het voorbeeld van mijn beste vriendin was ook niet bepaald uitnodigend. Zij was het kind van een bewust ongehuwde moeder (bom), maar dat had meer weg van een bewust zelfgebaarde partner. Haar moeder behandelde mijn vriendin als was zij haar partner en beschouwde het als hoogverraad wanneer zij zich, zoals een tiener nu eenmaal doet, probeerde los te maken. Mocht het tussen Joost en mij uiteindelijk niet werken, dan had ons kind in elk geval twee ouders in plaats van een jaloerse 'partner'.

'Oké, en dan deze: jij bent 25 en ik 24. Zijn we niet te jong, Joost?'

'Wat is volgens jou dan de goede leeftijd? Onze ouders waren bijna allemaal zo jong. Is het goede moment niet gewoon het moment waarop je voelt dat je eraan toe bent?'

Ik wist niet wat het goede moment was en of ik er echt aan toe was. Wel wist ik dat ik altijd al jong moeder had willen worden.

Joost vroeg zich ook af of wij wel genoeg van elkaar hielden, of we niet gewoon verblind waren door de roze bril van prille liefde. Ik vertelde hem over mijn ouders en hoe liefde soms meer kapotmaakt dan je lief is. Mijn ouders hielden echt van elkaar, maar die liefde was lang geleden omgeslagen in het tegendeel. Het was al een wonder dat ze samen op het afstudeerfeest van mijn zus kwamen zonder elkaar in de haren te vliegen. Dan maar liever een wat minder gepassioneerde liefde.

Terwijl we de pijnlijkste dingen bespraken, haalden we zenuwachtig giechelend elk negatief argument onderuit. Met een mengeling van romantiek en zakelijkheid zochten we naar een manier waarop het voor ons alle twee zou kunnen werken. Zo nu en dan leek het wel of we een sollicitatiegesprek voerden: waar wil je over tien jaar zijn, wat wil je worden als je later groot bent, wat zijn je hobby's, in welke stad wil je wonen, hou je van huisdieren, wil je verre reizen maken, naar welke programma's kijk je het liefst, plas je met de bril omhoog?

Maar soms leek het ook wel een kruisverhoor: wat doe je als we ruzie krijgen waar ons kind bij is; hoe reageer je in crisissituaties? Stel je voor dat we uit elkaar gaan en ons kind is jarig, lijkt het je dan beter om twee feestjes te geven? Hoelang blijf je bij elkaar als het niet meer lijkt te werken? Zou je bij elkaar blijven voor de kinderen? Is er een situatie denkbaar waarin jij je kind weghaalt bij de ander? Misschien leek het nog wel het meest op het spelletje Doen, durven of de waarheid. We hadden het gedeelte 'durven' en 'de waarheid' uitgebreid behandeld en het enige dat restte was de durf het te 'doen'.

Het was al gaan schemeren. Nadat Joost onze initialen in een boomstam had gekerfd, fietsten we gelukzalig naar huis.

Tijdens onze eerste ontmoeting hadden Joost en ik het over onze kinderwens gehad. Hij had twee jaar samengewoond met een vriendin en haar zoontje. Nu ze uit elkaar waren, miste hij vooral hem enorm. Mijn tijd komt nog wel, had Joost gezegd. 'Ooit word ik zelf vader en dan raak ik mijn kind nooit meer kwijt.'

Het verhaal van Joost ontroerde me en ineens leek het kinderlijk simpel. Enthousiast vroeg ik: 'Kun je koken? Ik bedoel: zou je elke dag voor me koken want ik leef al twee jaar op noedelsoeppies omdat ik een pesthekel aan koken heb. En kijk je naar elke voetbalwedstrijd? Wil je naar buiten verhuizen als er een kind komt, naar zo'n kindvriendelijke buurt vol met wipkippen en wil je dan een hond?'

Joost was in de lach geschoten en vertelde dat hij met liefde elke dag voor me zou koken, alleen eens in de twee weken naar autoraces keek, nooit uit de stad weg wilde en een hekel aan honden had. Grijnzend had ik mijn hand uitgestoken: 'Nou wat dacht je ervan, zullen we dan maar?'.

Niet iedereen was even enthousiast over onze plannen. Mijn beste vriendin reageerde geschokt. 'Alles leuk en aardig, Roos, maar zelfs je vergelijking met een bankoverval gaat niet op: dat is minder riskant. De maximale gevangenisstraf is een aantal jaren, een kind is levenslang. En besef je wel dat je daarmee ook de rest van je leven aan een jongen vastzit die je nauwelijks kent? Carrière maken met een kind kun je vergeten, hè, dat begrijp je toch zeker wel! Ik dacht dat jij zo ambitieus was. Of gaat Joost voor het kind zorgen?' Ze zei het spottend. 'Je gaat me toch niet vertellen dat je nou gaat stoppen met je studie en fulltime mama wordt? En wat doe je als hij je laat stikken?'

Haar felle reactie maakte mij zekerder van mijn zaak. Ik beet van me af dat ik inderdaad zou kunnen wachten, maar waarom? Waarop? Op een garantiebewijs? Niet goed, geld terug?

Ook andere vrienden begrepen niet hoe wij zo'n naïeve beslissing konden nemen. We voldeden aan geen van de voorwaarden. Een kind schijn je pas te 'nemen' als je een stabiele relatie hebt, als je een aantal jaren samenwoont in een redelijk huis, als je studie is afgerond en als je op zijn minst aan je carrière bent begonnen.

Anderen vroegen of we niet eerst een verre reis moesten maken. Maar ook daar hadden we geen behoefte aan. Mijn moeder had toen ze ons kreeg op haar huwelijksreis na nog nooit een vliegtuig vanbinnen gezien, en zelfs zij had inmiddels alle uithoeken van de wereld bezocht. Joost en ik begrepen niet waar al deze mensen zich zo druk om maakten; we zouden een kind krijgen, geen dodelijke ziekte.

Wie was er nou naïef? Juist de gedachte dat je de risico's kunt beperken door aan allerlei voorwaarden te voldoen, vond ik naïef. Daar had ik andere ervaringen mee. Mijn ouders hadden een langere relatie gehad mét een baan, een carrière en een huis in een kindvriendelijke buurt. En ook dat had niet geholpen. Mijn ouders waren uit elkaar gegaan voor ik drie jaar was, en ik zag ze alleen samen als ik gehaald of gebracht werd. Dat gebeurde zonder woorden. Zij communiceerden alleen nog via de rechter met elkaar. Met dat in mijn achterhoofd leek het feit dat Joost en ik eerst voor een kind kozen en dan pas voor elkaar, juist een veilige keuze. Behalve een gezonde aantrekkingskracht en een gezamenlijke kinderwens bezaten wij nog niets, dus hadden we ook niets te verliezen.

We spraken af ieder onze eigen etage aan te houden en financieel onafhankelijk te blijven. Mocht het tussen ons niet werken, dan zouden we meteen op het co-ouderschap over kunnen gaan. We zouden bij elkaar blijven zolang we het goed met elkaar hadden, en dat konden we elke dag opnieuw beslissen omdat we geen rekening hoefden te houden met hoge vaste lasten. Elke dag dat we het samen prettig hadden, was mooi meegenomen. Plan B lag zogezegd al klaar.

Ook mijn studiegenoten vonden ons naïef. Tijdens een keuzevak van vrouwenstudies legden ze mij even haarfijn uit dat Joost, na de komst van een kind, binnen de kortste keren fulltime zou gaan werken en ik, boven op de zorg voor de kinderen en mijn werk, ook het hele huishouden zou moeten runnen. Uit de statistieken bleek dat mannen in theorie aangeven de zorgtaken eerlijk te willen verdelen maar dat de praktijk anders uitwees. Als mannen al zorgtaken uitvoeren, dan alleen de zichtbare: koken als er bezoek is. De haren uit het doucheputje halen en wassen draaien, dat zou ik moeten doen. Mijn carrière kon ik ook vergeten want op de arbeidsmarkt telde ik pas mee als ik fulltime zou werken. Een werkgever zat niet te wachten op een jonge moeder zonder werkervaring.

Mijn negatieve beeld van feministen werd er niet beter op toen mijn studiegenoten op deze toon over mannen spraken. Feministen had ik tot dan toe gezien als mannen hatende vrouwen die probeerden in mannen te veranderen: om op die manier hun felbegeerde status te bereiken. En hoewel ik hoopte dat dat een karikatuur van de werkelijkheid was, bevestigde deze groep dames dat beeld alleen maar. Bovendien gaven ze traditionele mannen voortdurend hét excuus om niet te hoeven emanciperen: zij zouden niet gaan stofzuigen want *mannen stofzuigen nou eenmaal niet, zo zijn mannen*. Geef mij zo'n goed excuus om achterover te leunen.

Mijn studiegenoten zouden pas aan kinderen beginnen als zij eerst hun opleiding hadden afgerond, een baan hadden, fulltime werkten en een carrière met een goed salaris hadden opgebouwd waarmee zij financieel onafhankelijk zouden kunnen blijven. Zij zouden pas aan kinderen beginnen als ze in staat waren het alleen te doen. Als dat niet zou lukken, dan maar geen kinderen.

Aan de ene kant klonk het overtuigend maar aan de andere kant ook zo kil en eenzaam dat ik er de rillingen van kreeg. De vader van hun kinderen beschouwden mijn studiegenoten als een noodzakelijk kwaad; een zaaddonor die ze nergens anders voor nodig hadden. Wat heb je aan gelijkheid en onafhankelijkheid als dat betekent dat je kinderloos blijft of je kinderwens moet uitstellen tot in het oneindige? Ik wilde moeder worden. Maar dat was in de ogen van deze dames onvoorstelbaar. Welke ambitieuze jonge vrouw wil er nou moeder worden en haar kans op volwaardige arbeidsparticipatie opgeven?

Ik bleef mij afvragen of dat de betekenis van emancipatie was: carrière maken, en als je daarna nog tijd hebt eventueel kinderen 'nemen'. Was dat het doel van de Dolle Mina's geweest: baas in een oude lege buik, maar wel financieel onafhankelijk? Was de emancipatie blijven steken in de vrijheid om niet óf laat aan kinderen te beginnen? En waren de mannen met het ideaal om samen te werken en te zorgen onderweg opgegeven? Het leek erop dat mannen werden gezien als statische wezens die nooit zullen veranderen. Kennelijk was het nieuwe credo van de power- en *Opzij*-feministen '*If you can't beat them, join them*' geworden; pas wanneer ik me zou spiegelen aan een man met een flitsende carrière, een leidinggevende functie en een grote auto van de zaak, zou ik hun goedkeuring krijgen. Moeder worden en voor kinderen zorgen was iets voor burgertrutten uit het spruitjestijdperk. Ik besloot de feministische boodschap maar te laten voor wat ze was en verder te gaan waar ik was gebleven. Met kinderen.

Joost begon er het eerst over. 'Weet jij eigenlijk wat je precies moet doen om gezond zwanger te worden? Kun je meteen na je laatste pil gaan proberen of het lukt, of moet je dan nog even wachten?' We hadden geen idee en op de bijsluiter van de pil stond het ook niet. We hadden wel ooit geleerd waar de kinderen vandaan kwamen en daarna zeer uitgebreid hoe we konden voorkomen dat we 'die kinderen en soa's' kregen, maar nooit had iemand ons uitgelegd wat de beste manier is om wél kinderen te krijgen. Het leek of het van het ene uiterste in het andere was doorgeschoten: vroeger kreeg je kinderen of je wilde of niet, en nu worden kinderen in één adem genoemd met ziektes die je toch vooral moet zien te ontlopen. Wil je wel kinderen, dan zoek je het zelf maar uit.

Vrienden met kinderen in onze omgeving konden ons ook niet verder helpen. Het was óf te lang geleden óf ze moesten bekennen dat het min of meer een ongelukje was geweest. En ik begreep steeds beter waarom. Sinds de pil en de seksuele voorlichting ben je vrij om voor kinderen te kiezen en dat heeft een haast ondraaglijke verantwoordelijkheid met zich meegebracht. Bewust 'risicovol' vrijen is een van de manieren om De Beslissing niet echt te hoeven nemen. Maar hoe goed ik dat ook kon begrijpen, Joost en ik wilden geen ongelukje forceren. Wij wilden juist bewust voor een kind kiezen, dus maakten we een afspraak met de dokter.

Toen die ons vroeg wat ze voor ons kon betekenen, voelden Joost en ik ons plotseling heel jong en onnozel. 'We willen een kind, en uh, we weten eigenlijk niet goed wat je dan moet doen. Ik bedoel ik weet wel van de piemel in de kut,' giechelde ik. 'Maar is er ook iets dat we moeten weten of doen voordat we ervoor gaan,' voegde Joost er snel aan toe.

De dokter legde ons rustig uit dat we het beste konden wachten tot twee maanden na het stoppen met de pil, zodat de hormonen uit mijn lichaam waren verdwenen. Ik kon wel meteen beginnen met het slikken van foliumzuur, een pil die open ruggetjes en andere enge aandoeningen bij het kind zou kunnen voorkomen. Hoe langer ik dat foliumzuur slikte voordat ik zwanger was, hoe beter.

Blij met die informatie stapten Joost en ik de spreekkamer uit. Drie maanden later was ik zwanger.

'Lees jij nog eens wat er in de bijsluiter staat?' Nerveus stonden we over een wit staafje met een donkerblauw en een heel vaag lichtblauw streepje gebogen.

'Er staat alleen dat je zwanger bent als je twee streepjes ziet.'

'Maar staat er ook iets over een héél vaag streepje?'

'Ja, dan ben je ook zwanger.'

'Wat vind jij, zie je twee streepjes of niet?'

Hoe vaak we de bijsluiter ook lazen en hoe we ook naar dat witte stokje met een donker- en een lichtblauwe streep staarden, het drong niet tot mij door. Joost was een stuk sneller van begrip. 'Dit moeten we vieren,' riep hij terwijl hij mij omhelsde. 'Wacht, ik ben zo terug.' Nog voor ik iets had kunnen zeggen was hij de trap af gerend en hoorde ik de benedendeur in het slot vallen.

Alleen achtergebleven besefte ik het pas. Ik had verwacht dat ik een gat in de lucht zou springen, maar nu wist ik niet of ik moest lachen of huilen. Het was gelukt. We hadden het ondanks alle waarschuwingen gewoon geflikt. En nu? Ik voelde een enorme paniek in me opwellen. Ik had het allerergste gedaan wat ik me kon voorstellen. Wie dacht ik verdomme dat ik was? Zomaar een kind op de wereld zetten! Hoe zou ik dat gaan doen?

Toen Joost weer binnenkwam met kinderchampagne en aardbeien, slikte ik de paniek snel weg. Ook hij zag er geschrokken uit. De romantiek van de maanden daarvoor verdween. Wij kenden elkaar nog maar net en ik had zijn vader nog niet eens ontmoet. Hoe moest ik me nu aan die man voorstellen? Hallo, ik ben de nieuwe vriendin van Joost en de moeder van je kleinkind – aangenaam. Joost stelde me gerust. Ik werd in eerste instantie de moeder van zijn kind en daar was hij gelukkig mee. Wat alle anderen daarvan zouden vinden, deed er niet toe. Toch zag ik ertegen op. En hoe zou ik het mijn eigen familie gaan vertellen?

Zoals ik verwacht had, vroeg ook mijn zus zich af hoe ik nou zo naïef kon zijn. 'Van welk geld gaan jullie leven? Afstuderen met een kind is toch veel te zwaar?' Terwijl de tranen over haar wangen rolden, vroeg ze: 'Realiseer jij je wel wat er kan gebeuren als jullie roze wolk knapt?'

Mijn zeven jaar oudere zus had de echtscheiding van onze ouders bewust meegemaakt. Als veel andere kinderen van de flowerpowergeneratie was het ook haar niet in de koude kleren gaan zitten. Zoiets zou zij haar 'eventuele kinderen' nooit aandoen en daarom wilde zij pas aan kinderen beginnen als ze alles, maar dan ook echt alles, voor elkaar had. Ook zíj zou het heel anders doen.

Eerder had de flowerpowergeneratie zich met succes losgevochten uit de beklemmende jaren vijftig. De patronen van hoe het hoorde en hoe het moest, had ze doorbroken en de pastoor die voorheen kwam informeren wanneer er getrouwd werd en waar de kinderen bleven, had ze met succes het huis uit gejaagd. De vrijheid die daarvoor in de plaats was gekomen, werd dan ook uitbundig gevierd. Vrije liefde, open huwelijken, communes en woongroepen, bewust ongehuwde moeders, seks, drugs en rock-'n-roll, het kon allemaal niet op, maar de prijs van die vrijheid werd pas veel later bekend, toen er kinderen waren, toen de communes uiteenvielen en de relaties stukliepen. Vooral de kinderen van die generatie kenden de prijs van die vrijheid maar al te goed. Kinderen van wie de ouders nog bij elkaar waren, werden al snel een uitzondering. De open huwelijken strandden bij bosjes en de gekwetste gevoelens werden door middel van soms jaren durende echtscheidingen gewroken. Veel kinderen zagen hun moeder met een zeer klein inkomen achterblijven terwijl vader alimentatie moest betalen en eens in de maand het suikeroompje mocht uithangen, al dan niet met zijn nieuwe vriendin. Die ouders lieten geen kans voorbijgaan om hun kinderen op het hart te drukken dat zij hun school af moesten maken en een zo hoog mogelijke opleiding moesten volgen om zo lang mogelijk van hun vrijheid te blijven genieten. 'Zorg voor je eigen inkomen en schuif het krijgen van kinderen zo lang mogelijk voor je uit.' Dat was de mantra die de kinderen van de flowerpowergeneratie te horen kregen. En ik stond op het punt dat allemaal aan mijn laars te lappen.

'Een kind is geen hebbedingetje voor als het jou uitkomt,' had mijn moeder gesnauwd. 'Een kind is er altijd en dat is zwaarder dan je denkt, geloof me!'

Mijn moeder had er alles aan gedaan om mij en mijn zus de kansen te geven die zij nooit had gehad. Ze was geboren tijdens de oorlog en in armoede opgegroeid in een achterbuurt van Amsterdam. Ze had de mulo nooit afgemaakt en was al jong gaan werken. Om als secretaresse aan de slag te kunnen, had ze veel moeite moeten doen om van haar Amsterdamse accent af te komen; het was voor haar dan ook van het grootste belang dat ik Algemeen Beschaafd Nederlands sprak. Ik moest naar de beste school en als het aan haar lag zou ik niet onderdoen voor de grachtengordelkinderen in mijn klas. Net als die kinderen zat ik op clubjes, ik kreeg muziekles, en ook wij gingen elke zomervakantie naar Zuid-Frankrijk. Als mijn moeder geen geld had voor de reis, dan gingen we liftend, want linksom of rechtsom: ook ik zou op vakantie gaan. Bovenal wilde mijn moeder dat ik mijn studie zou afronden zodat ik mijn leven lang onafhankelijk zou kunnen blijven van een man. Nu ik zwanger bleek van een jongen die ik nauwelijks kende, zag zij die kans in rook opgaan.

Mijn vader accepteerde mijn keuze zolang ik die voor mijzelf maar goed beredeneerd had. Op de vraag of hij er al aan toe was om opa te worden, reageerde hij zoals het een socioloog betaamt: dat dat de juiste vraag niet was. Was ík er al aan toe om moeder te worden? Als dat zo was, dan was hij eraan toe om opa te worden. Of hij zich zorgen maakte over het feit dat Joost en ik elkaar nog maar kort kenden, weet ik niet.

De dag dat ik uitgerekend was, fietste ik zonder Joost wakker te maken, in alle vroegte naar ons plekje aan de Amstel. Op de plek waar we hadden besloten een kind te nemen, hoopte ik het euforische gevoel van die zomer terug te krijgen. Waggelend zocht ik de boom waar Joost onze initialen in had gekerfd. De boom bleek omgehakt.

Twee weken later werd Sam geboren. Joost was diep ontroerd. Hij hield Sam vast of die er altijd al geweest was. Hij verschoonde zijn eerste luier, deed hem voor het eerst in bad en was zo vertrouwd met ons kind dat ik me vergeleken bij hem nogal onhandig en overbodig voelde. Ik had gedacht dat er met een kind ook automatisch een moeder geboren zou worden, maar dat viel vies tegen. Ik had geen idee wat ik moest doen. Het liefst was ik zo snel mogelijk weer naar mijn werk gegaan. Maar nu verwachtte mijn omgeving ook nog dat ik een fijn staaltje moederschap zou tonen.

De kraamhulp was mijn redder in nood. Ze gaf me handige tips en stuurde Joost weg om beschuit met muisjes klaar te maken. Joost had voortdurend de neiging om Sam uit haar handen te trekken omdat hij eigenlijk vond dat hij alles al wist en het beter kon. Voor mij was het dan ook een vreemde gewaarwording om les van Joost en de kraamhulp te krijgen, terwijl ik verwonderd naar dat kleine rode wormpje keek en probeerde te beseffen dat het mijn kind was.

Op dat moment werd me duidelijk waarom al die zogenaamd geëmancipeerde koppels niet meer zo geëmancipeerd zijn zodra er kinderen komen. Je kunt de taken nog zo eerlijk willen verdelen, als je na zo'n emotionele gebeurtenis niet goed weet wat je met een pasgeboren baby aan moet, voel je je al snel heel onhandig. Doordat Joost zo ervaren met ons kind omging, kon ik me beter in een man verplaatsen. Meestal weten mannen minder van pasgeboren baby's dan hun partner: is het badwater niet te heet of te koud, waarom stopt je kind pas met huilen als het bij de ander is? Meestal kom je daar als man ook moeilijk achter omdat de kraamhulp geneigd is je beschuit met muisjes te laten maken. En dan heb je als man ook nog eens hulpeloos toegekeken hoe je geliefde jouw kind met bloed, zweet en tranen op de wereld heeft gezet. Ik kan me goed voorstellen dat je dan als een idioot weer naar je werk gaat om je toch nuttig te voelen. Dat had ik op dat moment namelijk maar wat graag gedaan; op die manier zou ik tenminste een waardevolle bijdrage aan mijn gloednieuwe gezin leveren. Maar ik was geen man; ik móést Joost dus wel vriendelijk maar dwingend vragen of hij mij ook wat ruimte met mijn kind wilde geven.

Op de universiteit waren de meewarige blikken van medestudenten na de geboorte van Sam veranderd in licht respecterende blikken. Ze hadden blijkbaar niet verwacht me terug te zien. Dat ik de draad gewoon weer oppakte, leverde me toch enig ontzag op, al bleven ze mij een vreemde eend in de bijt vinden. Want studeren met een kind was eigenlijk not done. Dat bleek ook wanneer ik met de kinderwagen een paar boeken naar de universiteitsbibliotheek wilde terugbrengen. Geen van de universiteitsgebouwen hield rekening met kinderwagens en verder dan de kantine kwam ik niet.

Ik had mijzelf een halfjaar de tijd gegeven om mijn studie af te ronden want met een rondkruipend kind kun je je moeilijk concentreren. Zolang hij nog in de box of wipstoel lag lukte het best. Al schrijvend liet ik met mijn rechtervoet zijn wipstoeltje op en neer gaan terwijl ik kinderliedjes voor hem zong en zo nu en dan op babyvriendelijke toon delen van mijn scriptie hardop voorlas. Het studeren met een kind was passen en meten, maar zeker niet onmogelijk. Het verbaasde mij dan ook dat het krijgen van een kind tijdens mijn studie zo abnormaal werd gevonden. Docenten en studenten gingen ervan uit dat het een ongelukje was geweest. Dat ik echt voor een kind had gekozen, kwam niet in ze op, en dat ik inderdaad binnen een halfjaar zou afstuderen met een vrij hoog cijfer al helemaal niet.

Triomfantelijk nam ik mijn bul in ontvangst met Sam op mijn arm. Nu was ik doctorandus in de politicologie én moeder. Het werd tijd om een parttimebaan op niveau te vinden.

Dat bleek helaas een contradictio in terminis. Kort na de geboorte van Sam was ik als receptioniste bij de plaatselijke televisiezender begonnen. Daar werkte ik drie halve dagen per week, maar nu ik afgestudeerd was, zocht ik naar een parttimebaan op academisch niveau. Helaas kwam ik al snel tot de ontdekking dat een academische baan een fulltimebaan was, want van een starter op de arbeidsmarkt wordt een fulltime inzet en enorme flexibiliteit verwacht. Op den duur kon ik waarschijnlijk wel vier hele dagen werken, maar zonder passende werkervaring moest ik toch echt met een volledige baan beginnen. Hoe ik ook solliciteerde, ik kwam er simpelweg niet tussen en van achter de receptie zag ik hoe mijn oud-medestudenten zonder kinderen geweldige fulltimebanen vonden en in sneltreinvaart carrière maakten. Ik stempelde de post en nam de telefoon op.

Kennelijk hadden mijn beste vriendin en de dames van vrouwenstudies toch gelijk. Op jonge leeftijd vóór kinderen kiezen betekende onbedoeld kiezen tégen een hoop andere dingen. Een kind hebben, zeker voor je dertigste, is op de arbeidsmarkt inderdaad een blok aan je been. Toch las ik nog steeds in de krant dat er een tekort aan hoogopgeleiden bestond. Het tekort was zelfs zo groot dat hoogopgeleiden uit het buitenland werden gehaald. Kennelijk maakte het hebben van een kind mij minder hoogopgeleid en importeerde men liever een fulltime werkende man dan twee autochtone ambitieuze vrouwen aan te nemen die recht voor hun neus om die baan stonden te springen. De banen die ik ambieerde, waren banen die zich prima leenden voor deeltijdwerk en ik dacht toch zeker te weten dat mijn hersenen niet verschrompeld waren tijdens de bevalling. Het frustreerde mij mateloos. Ik had mijn studie niet gedaan om receptioniste te worden! Ik wilde geen fulltimehuismoeder worden, maar ik wilde Sam ook niet fulltime naar de opvang brengen. Dan had ik net zo goed op zaterdag en zondag de kinderen van de buren kunnen lenen. Joost en ik hadden er behoefte aan ons kind te zien opgroeien.

Uiteindelijk moest ik concluderen dat een baan die bij mijn kind paste dus een baan onder mijn niveau was. Althans, vlak na mijn studie. Na mijn job als receptioniste 'promoveerde' ik van het ene rottige baantje naar het andere; uiteindelijk werd ik redacteur voor een showbizzprogramma. Het was mijn taak om bij te houden welk soapsterretje het met wie deed en wie er nieuwe borsten had. Echt een droombaan voor een politicoloog...

Hoewel ik geld verdiende en om de hoek van mijn huis werkte, knaagde het aan mijn eigenwaarde dat ik werd gecommandeerd door mensen die nog niet de helft van mijn opleiding hadden genoten. Joost spoorde mij dan ook aan om er helemaal mee te stoppen en voor mijn carrière te kiezen, dan zou hij wel zorgvader worden. Daar zag ik weinig in. Een paar maanden financieel afhankelijk zijn van elkaar was tot daaraan toe, maar hoofdkostwinner worden terwijl Joost zorgvader was, daar kreeg ik het Spaans benauwd van. Ik durfde de financiële verantwoordelijkheid niet alleen aan.

Wel waren we het erover eens dat zijn baan niet goed te combineren viel met ons gezinsleven. Hij kwam om drie of vier uur 's nachts thuis, sliep tot een uur of twee en moest dan om vijf uur al weer naar zijn werk. Hij kookte wel voor ons, maar at zelf niet mee. Het leek ons beter als hij ontslag nam en op zoek ging naar een baan die wel bij ons gezinsleven paste. Tijdens deze zoektocht kwamen we steeds weer tot de ontdekking dat de meeste banen gericht zijn op een gezin uit de jaren vijftig. Werkgevers gaan ervan uit dat er altijd wel iemand thuis is die voor het huishouden en de kinderen zorgt, zeker als je een man bent. Met de behoefte van Joost om ook voor zijn kind te willen zorgen, werd vrijwel geen rekening gehouden. Het kwam er dus op neer dat ook Joost een baan onder zijn niveau moest accepteren om in deeltijd te kunnen werken. Hij werkte vier dagen en ik drie, en ook al was het ver beneden ons niveau, we aten eindelijk samen en voelden ons een echt gezin.

Vanaf het moment dat ik een werkende moeder was, bekeek ik de mensen om mij heen met andere ogen. De meesten leken gevangen in vrijheid. Ze waren vrij om te studeren, te werken, te reizen, drugs te gebruiken en ongebonden seks te hebben. Maar die vrijheid bracht, naast genot en plezier, ook een enorme leegte met zich mee. Die vrijheid koesteren leek veiliger dan toe te geven aan het heimelijke verlangen naar huisje-boompje-beestje en een beetje geborgenheid. En toch had ik begrip voor die krampachtige vrijheidswens. De meeste mensen in mijn omgeving woonden tegen hun zin nog steeds in te dure studentenkamers en hopten van baan naar baan omdat zij, net als ik, alleen maar kortlopende arbeidscontracten kregen. Een legale huurwoning bemachtigen was een zeldzaamheid en als je ouders geen geld hadden om een appartement voor je te kopen, dan kon je het wel vergeten – zonder vast contract verschafte geen bank je een hypotheek. Zolang het 'huisje-boompje-beestje en een beetje gezelligheid' eerder een 'krotje, kamerplantje en ongedierte' was, begreep ik dat 'een beetje gezelligheid tot het weer licht wordt' daar beter bij paste. Toch waren Joost en ik dolgelukkig met ons krotje, kindje en rotbaantje. We begonnen zelfs over een tweede kind te denken.

Een jaar later kreeg ik een vast contract, weliswaar door een rekenfoutje, maar waar de meeste werkgevers voor vrezen, maakte ik waar: een vast contract doet baren.

Julia werd gezond geboren. En net toen we dachten dat alles volmaakt was, ging het mis. Als je denkt dat het leven maakbaar is, kom je van een koude kermis thuis. Na de bevalling raakte ik bewusteloos. Toen ik weer bijkwam lag ik aan de beademing en stond de huiskamer vol brandweermannen. Die waren bezig de brancard waarop ik lag via de brandweerladder naar beneden te laten zakken, waarna de ambulance me met een loeiende sirene naar het ziekenhuis bracht. Toen de arts eindelijk arriveerde en ik naar de operatiekamer werd gereden, bleken we in alle hectiek in de wasserette van het ziekenhuis te zijn beland – en daarvandaan konden we de brancardlift niet openen. Terwijl het infuus waaraan ik lag leeg raakte, ik geen gevoel meer in mijn benen had en onophoudelijk rilde, rende Joost de trap op om de lift naar mij toe te sturen. Daarop flapte de verpleegster er geschrokken uit: 'Lig je hier dood te bloeden en dan laat je man je ook nog in de steek.'

Opeens kon ik heel helder denken. Moest ik nog wat zeggen? Zou Joost het redden met twee kinderen? Gelukkig was hij voogd over Sam en had hij Julia erkend. We waren niet getrouwd, hij had dus verder nergens recht op. Toch wist ik dat het goed zou komen. Joost was de beste vader die ik mijn kinderen had kunnen geven.

Uiteindelijk werd ik de operatiekamer binnen gereden. Ik kneep nog even in Joost zijn hand en gaf hem een knipoog. Het was goed zo.

Toen ik weer bij bewustzijn was wilde ik zo snel mogelijk naar huis, het ziekenhuis uit, weg uit deze nachtmerrie. Maar ik moest nog een tijdje aan een infuus blijven liggen. Toen ik drie liter bloed had ontvangen was ik intens blij de uitgang te zien. Nog een paar meter en dan deed ik weer mee.

Maar het zou veel langer duren voordat ik weer echt mee zou doen. De dag dat de kraamzorg ons huis verliet, verloor ik mijn stem. Van het ene op het andere moment kon ik alleen nog maar fluisteren. Niemand wist waardoor het precies kwam. De kno-artsen konden me alleen vertellen dat mijn rechterstemband stilstond en dat ik mij vooral moest ontspannen omdat dat beter was voor het genezingsproces. De eerste drie maanden zou de kans op genezing het grootst zijn, daarna zou die in snel tempo afnemen.

Ik voelde me wanhopig zonder stem. Ik deed gewoon niet meer mee en ook Joost wist zich geen raad. Het leek of hij mij negeerde, en omdat ik geen geluid maakte, kon dat ook gemakkelijk. Op Sams verjaardag had Joost ongeveer iedereen uitgenodigd die we kenden. Ons huisje stond bomvol kinderen en volwassenen die door elkaar heen schreeuwden. Ze hadden de grootste lol terwijl ik er zwijgend naar keek. Nog nooit heb ik me zo zichtbaar onzichtbaar gevoeld. Niemand verstond me en na drie keer beleefd te hebben gevraagd of ik het nog een keer wilde herhalen, knikten de meesten vol medelijden terwijl ik zeker wist dat ze er niets van begrepen hadden. Ik was een schim geworden en met dat idee kon ik maar moeilijk leven. Joost en ik waren altijd een luidruchtig koppel geweest. Zonder stem werd ik een ander mens en daar paste Joost niet bij, en ikzelf al helemaal niet. Ik werd onuitstaanbaar, smeet spullen door het huis en probeerde Joost agressief van me weg te jagen. Ik voelde me in mezelf opgesloten. Zonder stem zou ik veranderen in een toeschouwer, en ik had niet het inschikkelijke karakter dat nodig is om een tevreden toeschouwer te zijn. Hoe minder ik sprak, hoe actiever mijn gedachten werden. Hoe kon ik twee kinderen opvoeden zonder stem? Zou ik na mijn zwangerschapsverlof nog wel kunnen werken?

Hier hadden Joost en ik tijdens het maken van onze lijst van mitsen en maren geen rekening mee gehouden. Ik had inmiddels alles wat ik wilde, maar mijn stem was ik verloren en daarmee de zelfstandigheid die bij onze randvoorwaarden hoorde: wij zouden elke dag opnieuw beslissen of we het nog goed hadden samen. We hadden het op dat moment helemaal niet goed en het alternatief was nog veel erger. Aan plan B had ik geen moer!

In eerste instantie zei ik alle afspraken af, maar toen mijn stem definitief leek weg te blijven, besloot ik toch maar naar het feestje van een vriendin te gaan. Ik kon me niet blijven verstoppen en moest ervoor zorgen niet verbitterd te raken. Ik liet Joost achter met de kinderen en beloofde het niet al te laat te maken zodat hij na mij naar het feestje kon gaan.

Op het feest nam ik de jarige mee naar buiten en vroeg haar mij aan iedereen voor te stellen en uit te leggen dat ik allesbehalve een timide en inschikkelijke persoon was. Dat ik een heel grote mond had, ook al hoorde je me misschien niet, en dat ik geen medelijden wilde. Iedereen die zijig tegen me aan zou gaan praten kon een middelvinger krijgen. Ze lachte, ging binnen op een stoel staan en beschreef het hele gezelschap wie ik was en wat ik haar net gevraagd had. Vooral de mensen die me kenden moesten hard lachen. En voor het eerst leek het of ik weer bestond, ik kreeg mijzelf terug. Ook zonder stem zou ik nooit een grijs muisje worden en daar kon ik mee leven.

Joost was woedend en ontzettend bezorgd: ik had mijn telefoon niet beantwoord en zelfs niet laten weten dat ik voorlopig nog niet van plan was om naar huis te komen.

Dat voelde heerlijk! Eindelijk was ik weer eens de boosdoener in plaats van het slachtoffer. Niet lang na de hernieuwde vechtlust kwam ook mijn stem terug.

Mijn verlof zat er inmiddels op en mijn vakantiedagen had ik ook verbruikt. Ik moest weer aan het werk maar ik voelde dat ik daar nog lang niet klaar voor was. Ik was zo druk met mezelf en mijn stem bezig geweest dat ik nog helemaal geen band met mijn dochter had opgebouwd. Toch voelde het heerlijk om weer even op mijn werk te zijn en voordat ik kon zeggen dat ik nog niet helemaal hersteld was, bood mijn baas mij promotie aan: of ik redacteur van het politieke programma van Felix Rottenberg wilde worden? Natuurlijk wilde ik een uitdagende baan die bij mijn studie zou passen. En dat drie dagen in de week, om de hoek van huis, school en de crèche! Eindelijk een baan die wat van mij vroeg maar die ik toch kon combineren met de opvoeding van mijn kinderen. Het klonk te mooi om waar te zijn. Misschien was ik nog niet helemaal hersteld, maar zo'n kans kreeg ik niet nog eens.

De week daarop begon ik, en ik werkte harder dan ooit. Ik ontmoette veel mensen en maakte dingen mee die ik anders nooit zou hebben meegemaakt. Na de moord op Theo van Gogh interviewde Felix mensen als wethouder Aboutaleb en burgemeester Cohen; interviews die zo indrukwekkend waren dat ik het gevoel had dat ik weer midden in het leven stond en sterker: dat het leven om mij heen tolde. Ik genoot met volle teugen, maar liep voortdurend op mijn tenen en werkte veel meer uren dan waarvoor ik was aangenomen en betaald werd. Ik rende van hot naar her en was voortdurend aan de telefoon met Joost, mijn ouders en schoonouders over wie welk kind waar zou halen en brengen. Als ik dan eindelijk bezweet op de crèche aankwam, was het laatste baby'tje voor het raam altijd het mijne en dan voelde ik een steek in mijn hart als ik de leidster liefdevol hoorde zeggen: 'Zie je wel dat ze je niet vergeten is.' Dan pakte ik Julia op, drukte haar tegen mij aan en fluisterde: 'Liefje, ik zal je nooit vergeten hoor, echt niet!'

Een aantal weken later vergat ik mijn zoon op het schoolplein. Tijdens mijn werk luisterde ik mijn voicemail af en hoorde de juf van Sam vragen of er nog iemand kwam om hem op te halen. Hij was als enige op het schoolplein achtergebleven. De boodschap was een uur daarvoor ingesproken en de grond leek onder mijn voeten te verdwijnen, voor het eerst in mijn leven begreep ik hoe het voelt als je adem stokt. De volgende boodschap was van de moeder van een vriendinnetje van Sam. Ze sprak in dat ze Sam maar mee naar huis had genomen, dat alles goed was en ik me geen zorgen hoefde te maken.

Terwijl ik me voor mijn werk aan het uitsloven was, was ik het belangrijkste op de hele wereld vergeten. Ik was gewoon mijn kind vergeten! Hardop scheldend fietste ik door de stad. 'Ik ben mijn kind vergeten. En voor wat! Waar ben ik mee bezig!' Joost had me de weken daarvoor al gewaarschuwd. Hij vond dat ik te hard werkte en de hoofdzaken niet meer goed van de bijzaken kon scheiden. Maar dat mijn kind een bijzaak was geworden en mijn werk een hoofdzaak, was een dieptepunt dat ik niet had zien aankomen. Ik schaamde me kapot.

Joost was blij dat het goed afgelopen was, maar drukte me wel op het hart dat ik mij beter ziek kon melden om alles op een rijtje te zetten. Dat deed ik de volgende dag en ik maakte meteen een afspraak met de arbo-arts.

In een kamertje met een doos tissues op tafel vroeg de arbo-arts of ik de laatste tijd vergeetachtig was en concentratieproblemen had. Ik barstte in tranen uit. 'Nee hoor, behalve dan dat ik mijn zoon op het schoolplein ben vergeten, heb ik nergens last van. Ik ben een moderne supervrouw die zich gewoon even niet zo super voelt maar verder gaat het prima.'

De arts keek me bezorgd aan en vroeg wanneer ik voor het laatst zonder iets te móéten met mijn kinderen in de zandbak had gezeten. Ik kon het hem niet vertellen.

Anderhalf uur later stond ik weer op straat en het drong langzaam tot mij door: ik hoefde een arbo-arts niet voor de gek te houden om even thuis te mogen blijven; ik had mijzelf al maanden voor de gek gehouden. Ik was zo overspannen als een deur. Van de arbo-arts hoefde ik pas twee maanden later weer terug te komen. Tot die tijd moest ik me met mijn kinderen verplicht ontspannen in de zandbak.

En daar zat ik. Het was hoogzomer, prachtig weer en iedereen in mijn omgeving genoot plaatsvervangend voor mij. Terwijl zij op hun werk zaten, mocht ik betaald in de zandbak met mijn kinderen spelen. En al kon niemand het zich voorstellen, ik genoot daar helemaal niet van. Ik voelde mij leeg, gedesillusioneerd en allesbehalve een moderne supervrouw. De afgelopen tijd hadden Joost en ik vaak te horen gekregen dat wij een voorbeeld waren voor andere koppels die aan kinderen wilden beginnen. Wij waren het levende bewijs dat het kon: werk, een sociaal leven en kinderen combineren. Nu moest ik al die mensen teleurstellen. Ik had het niet weten vol te houden. Ik was een loser.

Als de kinderen naar de crèche en naar school waren, deed ik boodschappen samen met alle andere losers. Ik maakte het huis schoon en fietste uren doelloos door de stad. Ik hield op met het lezen van kranten en tijdschriften. Vooral de discussies over de verdeling van werk en zorg, en de aankomende vergrijzing die vrouwen ertoe moest aanzetten om meer en langer door te werken, ergerden me mateloos. Het idee om hoogopgeleide vrouwen die niets met hun studie deden het studiegeld terug te laten betalen, en het verwijt dat vrouwen die niet of nauwelijks werkten parasieten zouden zijn die ambitieuze vrouwen in een kwaad daglicht zetten, maakten me woedend. Nergens hoorde of las ik enig begrip voor ouders die werk en kinderen niet zo feilloos wisten te combineren. Volgens een aantal vakbonden en politieke partijen was alles perfect te combineren als de opvang gratis zou worden. Dat de opvang geen kinderen baart, geen stem verliest en ook geen zieke kinderen opvangt, daarover hoorde ik niemand. Af en toe leek het wel of politici, powerfeministen en vakbonden werkelijk dachten dat het hebben van kinderen hetzelfde is als het houden van parkieten. Geef ze een bakje voer en water, dan zullen ze niet zeuren als je moet overwerken. Maar ik was niet bevallen van twee parkieten, ik had twee echte kinderen die ik niet in een kooitje van de ene plek naar de andere kon brengen. Van dat soort ideeën kreeg ik zulke paarse vlekken van woede, dat ik besloot de krant ongelezen in de papierbak te gooien en de tv uit te laten.

Langzaam veranderde ik in de grijze muis die ik nooit had willen worden. Ik waste en boende, zoog en dweilde, sjokte in joggingpak achter mijn kinderen aan en genoot daar totaal niet van. Het liefst was ik weer aan het werk gegaan, zodat ik wat meer structuur in mijn leven zou krijgen en blij kon zijn om weer thuis te komen. Desnoods flink onder mijn niveau. Want een vierentwintiguursbestaan als huisvrouw met twee kleuters maakte me radeloos.

Hoewel de arbo-arts het nog veel te vroeg vond, maakte ik een afspraak met mijn werkgever. Zijn boodschap was helder: hij had liever dat ik niet terug zou komen. Mijn functieomschrijving was nooit ingevuld en feitelijk konden ze me alle rotklussen geven die ze konden verzinnen, deed ik die niet, dan heette dat werkweigering en konden ze me op staande voet ontslaan. Het alternatief was mijn handtekening onder mijn ontslagbrief. Een kwartier later stond ik werkloos op de stoep.

Na maanden waarin zelfmedelijden, woede en radeloosheid elkaar afwisselden, was ik opnieuw veranderd in een passieve huisvrouw. Terwijl Joost fulltime was gaan werken om de huur te kunnen betalen, zat ik met mijn kinderen in de zandbak en begon me af te vragen wat er mis was gegaan in het leven van Joost en mij. Hoe had het zover kunnen komen? Dit hadden we nooit gewild. Aan Joost lag het niet, ík had gefaald! Wat was mijn tekortkoming geweest? Had ik mijn kiezen gewoon harder op elkaar moeten zetten? Had ik meer of juist minder moeten werken? Of was ik misschien een zeurpiet? Wij hadden het toch allemaal zo goed geregeld? Lag het aan mij of hadden andere koppels er ook moeite mee het werk, de kinderen en alle daarmee gepaard gaande onvoorziene omstandigheden te combineren?

Maanden bracht ik in zandbakken en speeltuinen door. Ik hing op het schoolplein en bij de crèche rond, waar ik andere ouders bestudeerde. Van een afstand leek het of iedereen alles onder controle had. De ene ouder deed nog beter zijn best dan de andere. Verantwoorde spelletjes werden afgewisseld met gezonde hapjes. Alle haren waren keurig gekamd en de kleren netjes gestreken. Maar hoe vaker ik die ouders zag en sprak, hoe meer ik ontdekte dat zij, net als ik, aan het jongleren waren en ook dachten dat het aan hen lag als ze de controle over hun drukke leven leken te verliezen.

Op den duur begon ik de patronen te herkennen. Hoe roder de blosjes op hun wangen en hoe slanker, hoe meer stress de ouders ondervonden. De gezonde rode blosjes bleken hysterisch rode vlekken en de gestreken kleding moest verbloemen dat het allemaal maar net lukte. Ook zij worstelden met de vraag hoe kinderen in te passen in deze zogenaamd vrijgevochten samenleving: een samenleving die ingericht leek te zijn op het combineren van werk en zorg terwijl dat in de praktijk tegenviel. En net als ik dachten ze dat zíj faalden, want tegenwoordig is toch alles mogelijk en maakbaar?

Gefascineerd luisterde ik naar de verhalen van de andere ouders. De moeders vertelden voortdurend op hun tenen te lopen omdat ze bang waren ziek te worden en daarmee het vooroordeel over werkende moeders waar te maken. Moeders aannemen staat namelijk gelijk aan gezeik, verlof en een hoog ziekteverzuim, wisten ze. Daarom moeten ze zich eerst bewijzen voordat ze weer zwanger zouden worden. Die moeders namen hele stapels werk mee naar huis om te compenseren dat ze op tijd waren weggegaan. Want de baas moest geen last hebben van het feit dat zij kinderen hadden, zo meenden ze. De vaders vertelden op hun beurt dat ze niet tegen hun baas of compagnon durfden te zeggen dat ze minder uren wilden werken, omdat ze al weggehoond werden als ze de kinderen op tijd van de opvang moesten halen. Opmerkingen als: 'Daar heb je je vrouw toch voor, of heeft zij thuis de broek aan?' gaven hun het gevoel dat ze hun carrièremogelijkheden op het spel zetten.

Hoe meer ik te weten kwam, hoe absurder het werd. Moeders probeerden krampachtig alle ballen in de lucht te houden tot ze erbij neervielen, en vaders werden belachelijk gemaakt als zij te kennen gaven ook een aandeel in de opvoeding te willen. De zandbakouders probeerden alle hindernissen met souplesse te nemen. Alles leek individueel maakbaar en dus ook individueel verwijtbaar als het niet lukte: pech was dan je eigen schuld.

Maar waarom is het je eigen schuld als iets niet lukt? Waarom verzetten wij ons niet tegen het eisenpakket dat boven op de taakverdeling van onze grootouders is gelegd? Dat kan toch niemand combineren? Niet fulltime althans. Waarom ben je als vrouw niet ambitieus als je werk en zorg in deeltijd wilt combineren en waarom ben je als man wel ambitieus als je de zorg voor de kinderen volledig uitbesteedt? Wat is dat voor eenzijdige ambitie? Ik begon mij ook steeds sterker af te vragen waarom mannen die wel de ambitie hadden om werk en zorg te combineren, toch steevast genegeerd werden. Wist dan niemand dat volwassenen, net als kinderen, beter presteren als je slecht gedrag negeert en goed gedrag beloont? Wilden de overheid, werkgevers en vakbonden dan heimelijk dat het zo bleef als in de jaren vijftig? En wilden de feministen datzelfde, maar dan met omgedraaide rollen?

Ondanks het feit dat mijn omgeving terughoudend zou reageren uit angst met het feminisme geassocieerd te worden, besloot ik het er niet bij te laten zitten. Ook ik wilde niet uitgemaakt worden voor feminist, maar ondertussen werd dat feministische geluid wel steeds luider. Je kon geen krant of tijdschrift meer openslaan of de verwijten dat vrouwen te weinig werkten en niet ambitieus waren, vlogen je om de oren. Reacties van 'ploetermoeders' en de knelpunten waarmee wij zaten, werden door de *Opzij*- en powerfeministen steevast weggehoond.

Ik wilde een tegengeluid laten horen. Sinds de feministen hun tuinbroeken hadden verruild voor mantelpakjes en extreem korte jurkjes, werkten ze nog meer op mijn zenuwen. Juist zij wisten mij het gevoel te geven dat ik faalde. Als ik niet in mijn grootvader en grootmoeder tegelijkertijd kon veranderen, moest ik wat hen betreft maar liever mijn grootvader volgen en een grootmoeder inhuren die voor de kinderen en het huishouden zorgde. Pas als ik mijn kinderen volledig had uitbesteed en vrolijk meeconcurreerde met de mannen op het werk, zou alles goed komen en was ik lekker geëmancipeerd bezig. Maar als ik mijn kind niet volledig wilde uitbesteden zonder mijn carrièreperspectieven in te leveren, was ik volgens de traditionele feministen een verwend loeder. Maar ik was helemaal niet verwend! Ik bezat geen huis met een moordende hypotheek. Ik hoefde niet naar Thailand op vakantie en elke week uit eten. Ik wilde alleen mijn geld verdienen met een baan die wat van mij vroeg en waarbij ik de mogelijkheid had om mijn kinderen vaker te zien dan de man die op zondag het vlees snijdt. Dat was toch niet zo raar?

De wens van Joost en mij om evenredig te werken en te zorgen in een samenleving die daarop ingericht is, was toch ook ooit de oorspronkelijke wens van feministen als Joke Smit? Was dat emancipatie-ideaal omgeslagen in het ideaal om in een traditionele man te veranderen? Wat was er dan toch gebeurd met dat oorspronkelijke feminisme? Hoe waren we in deze emancipatiekramp beland?

2. Baas in oude lege buik, maar financieel onafhankelijk

Jolande Withuis en Christien Brinkgreve over hun feminisme

Baas in een oude lege buik, maar wel financieel onafhankelijk, is dat echt het doel van het tweedegolf- en het powerfeminisme geworden? Hebben feministen de wens om werk en zorg op een evenwichtige manier te verdelen, opgegeven? Wel als ik Cisca Dresselhuys en Heleen Mees moet geloven. Volgens hen ben ik vast en zeker een ambitieloze deeltijdfeminist, die de emancipatie van vrouwen belemmert zolang ik niet de ambitie heb om te veranderen in de man die 's zondags het vlees snijdt. En voor het feit dat ik zo nu en dan mijn eigen kinderen uit school wil halen en mijn eigen was wil doen, moet ik me, geloof ik, intens schamen. Ik begon me dan ook af te vragen of dat het enige feministische geluid was, of dat er ook nog andere geluiden waren die meer ruimte laten voor kinderen en de wens om werk en zorg te delen.

Dat andere geluid vond ik in het boek *Wie wil er nog moeder worden?* van feministe en socioloog Christien Brinkgreve. Samen met hoogleraar voortplantingsgeneeskunde Egbert te Velde zet zij vraagtekens bij het jarenlange beleid dat er slechts op gericht was om vrouwen meer te laten participeren op de arbeidsmarkt. Daarmee wordt volgens haar geen recht gedaan aan andere verlangens en ambities als de zorg voor kinderen, en wordt gelijkheid opgevat als gelijkschakeling, waarbij het werkleven van mannen model staat voor de 'bevrijding' van vrouwen. De auteurs vragen zich, net als ik, af of dat nu het doel is van de vrouwenemancipatie. En al zien zij de behoefte van actieve vaders nog te veel over het hoofd, toch kan ik mij beter herkennen in hun verhaal dan in dat van het harde O*pzij*-feminisme.

Christien pleit voor meer ruimte en minder dwang, en vindt dat de ene dwang – voor huismoederschap – niet vervangen moet worden door de andere: die van fulltime werken, alsof je anders geen volwaardig lid van de samenleving kunt zijn. Ze wil meer ruimte om samen met je partner tot een verdeling van werk en zorg te komen die zo goed mogelijk past bij de verlangens en behoeften van mannen, vrouwen en kinderen.

Dat klinkt geweldig, maar dan moet die ruimte wel door werkgevers, overheid en ook door andere feministen gegeven worden en zover lijken we helaas nog lang niet. De kritiek die op het boek volgde, liegt er namelijk niet om. Een van de felste reacties kwam van feministe en socioloog Jolande Withuis. In NRC *Handelsblad* van 12 januari 2007 verwijt zij Christien en Egbert met hun boek de emancipatie van de vrouw eerder tegen te werken dan eraan bij te dragen. Volgens Jolande gaat Christien er gewoontegetrouw van uit dat alle vrouwen moeders zijn. Zijn zij dat niet, dan zou dat komen door de overvloed aan keuzen die het feminisme hun heeft opgedrongen. Ook zou Christien concluderen dat mannen zo weinig zorgen omdat de seksen wezenlijk van elkaar verschillen. Het streven naar een gelijke verdeling van zorg en werk zou daarom opgegeven moeten worden. Daartegenover stelt Jolande dat vrouwen zich juist serieus moeten richten op hun werk en niet moeten blijven wachten tot het gelukt is om mannen collectief te veranderen.

Zo bezien lijkt het of zowel Jolande als Christien het ideaal om samen te werken en samen te zorgen heeft opgeven, met dit verschil dat vrouwen bij Christien een tijdje thuis mogen blijven, terwijl ze bij Jolande juist moeten gaan werken.

Maar zo simpel kan het toch niet zijn? Dit kan toch niet het resultaat zijn dat beide vrouwen voor ogen hadden toen zij zich destijds voor het feminisme inzetten? Het geeft eerder een duidelijk beeld van de impasse waarin het feminisme zich op dit moment bevindt. Om uit te vinden hoe deze impasse is ontstaan, besluit ik een afspraak met beide vrouwen te maken. Ik wil van hen te weten komen hoe het komt dat het feminisme in deze impasse is geraakt, en of het niet tijd wordt om nader tot elkaar te komen.

JOLANDE WITHUIS

'De vrijheid om een beroep uit te mogen oefenen'

Jolande is 59 jaar, socioloog en woont sinds een aantal jaar met 'haar Tom' in een prachtig huis met uitzicht op de oude stadsmuur van Zutphen. Ze werkt tweeënhalve dag in de week in vaste dienst bij het Nederlands Instituut voor Oorlogsdocumentatie; verder schrijft ze op dit moment aan een biografie van de verzetsheld Pim Boellaard, die *Weest manlijk, zijt sterk* gaat heten. Om zich volledig te kunnen wijden aan het persklaar maken van dit boek, heeft ze haar werk als columnist bij *Opzij* opgezegd en doet ze even kalm aan met het schrijven van recensies voor NRC *Handelsblad*.

Een beetje zenuwachtig rijd ik op een zomerse zaterdagmiddag in mijn lavendelblauwe eendje naar Zutphen. Al weet ik beter, toch ben ik een beetje bang dat Jolande een kenau is met haar op de tanden, die mij er stevig van langs zal geven. Maar als ik haar vraag hoe zij een feminist is geworden, verandert de grote imposante vrouw al snel in een angstig meisje dat zich schrap zet tegen het schrikbeeld dat haar ooit te wachten stond. De angst straalt uit haar ogen als ze zegt: 'Dat kent jouw generatie niet meer. Maar mijn generatie weet nog maar al te goed hoe het is om niet te mogen werken en echt afhankelijk te zijn. Als kind wilde ik al de vrijheid hebben om te kunnen werken. Ik wilde een vak leren en dat ook uitoefenen. Vrouwen mochten in de tijd dat ik studeerde best een opleiding volgen, maar daarna werd van hen verwacht dat zij zich in de eerste plaats op het huishouden en de kinderen zouden richten. Mijn beste vriendin, die naar de Rietveld Academie ging, kreeg van haar moeder te horen dat edelsmid zijn wel handig was, omdat ze dan na haar trouwen haar eigen sieraden kon maken. Van dat soort toekomstscenario's kreeg ik het Spaans benauwd. Ik wilde niet veranderen in een van die doodongelukkige vrouwen die ik voortdurend om me heen zag. Vrouwen die zich niet konden ontplooien en tegen hun wil bij hun man moesten blijven omdat ze financieel zo afhankelijk van hem waren dat ze geen kant op konden. En die, vergeet dat niet, doordat ze zelf ongelukkig waren, hun kinderen vaak ook erg naar bejegenden. De eerste golf feministen, van rond 1900, noemde het huwelijk "gelegitimeerde prostitutie": liefde in ruil voor levensonderhoud. Ook tijdens de tweede golf, die zich vanaf de jaren zestig inzette, keerde de vrouwenbeweging zich tegen dat schrikbeeld. Daar kon ik mij helemaal in vinden.'

Sinds die tijd is er veel veranderd, maar volgens Jolande is dat feminisme niet minder actueel geworden: 'Het is nog steeds niet vanzelfsprekend dat vrouwen werken. De ChristenUnie en het CDA vinden die gelegitimeerde prostitutie nog steeds een vrij normale huwelijksconstructie; de één zorgt voor het inkomen en de ander voor het gezin. Dat kan goed gaan. Maar als het fout gaat, gaat het ook goed fout en dan blijkt hoe weinig er is veranderd. Het feminisme heeft tot nu toe bereikt dat we in deeltijd mogen werken, maar dat is slechts een noodverband. In plaats van te werken met volle inzet – en met, omdat wij in zo'n welvarend land leven, de luxe dat beide ouders wat minder werken als de kinderen klein zijn of als er een ziek is – wordt er van vrouwen verwacht dat zij standaard in deeltijd werken. Vrouwen worden nog steeds niet serieus genomen op de arbeidsmarkt en men verwacht nog altijd dat er iemand thuis is. Het gaat mij niet alleen om financiële onafhankelijkheid maar vooral om de vreugde van werken, contact hebben en je kunnen concentreren en overgeven aan de flow.' Gepassioneerd merkt Jolande op dat de tafel waaraan wij zitten, ontworpen is door Eileen Gray, een van de vrouwen die zij als inspiratiebronnen beschrijft in haar boek *De vrouw als mens*. 'Gray leefde rond 1900, mocht niet studeren, verliet haar familie en werd uiteindelijk een fameus binnenhuisarchitect.'

Stellig zegt Jolande: 'Ik heb er bezwaar tegen als we zo iemand afdoen als een "mannelijk model". Ik zou willen dat mensen eens ophielden elkaar altijd allereerst in seksen in te delen. Talent is niet aan sekse gebonden.

Als vroeger de vergadering op mijn werk uitliep, keek ik als enige op mijn horloge omdat ik nog geen eten in huis had en de winkels gingen sluiten. De anderen hadden allemaal een vrouw thuis die op dat moment in de keuken stond. Sindsdien zijn de winkeltijden gelukkig veranderd, iets waartegen toentertijd zowel vakbonden als diverse politieke partijen zich hebben verzet. Zij vonden het niet nodig dat het groepje "verwende tweeverdieners" ook na werktijd boodschappen kon doen, terwijl iedereen daar in feite van profiteert. Nu kun je de boodschappen zelfs thuis laten bezorgen op een door jou gekozen moment, maar de meeste organisaties en instanties gaan er nog steeds van uit dat er iemand thuis is tijdens kantooruren. Ook al is er daar wel wat veranderd, die veranderingen gaan met een slakkengang. Tot voor kort kon je als vrouw je pensioen niet eens nalaten, waardoor het riskant was om beiden in deeltijd te werken, en als je bijvoorbeeld een huis wilde kopen, telde het inkomen van de vrouw niet mee omdat die er toch mee op zou houden als er kinderen kwamen.'

Jolande weet wel hoe zij het het liefst zou zien. 'Ik zou willen dat iedereen, ongeacht sekse, in staat is om voor zichzelf te zorgen. Dat dat nu niet het geval is, wordt door het overheidsbeleid in stand gehouden. De overheid verstrekt liever aanrechtsubsidie of een uitkering dan dat ze vrouwen die kinderen hebben stimuleert om aan het werk te gaan. Op die manier blijft de ene sekse afhankelijk van de andere, en moet je je als vrouw nog steeds verdedigen als je veel werkt.

Vrouwen oproepen meer te gaan werken vanwege de vergrijzing is wat mij betreft een verkeerde reden. Vrouwen moeten net als mannen zichzelf kunnen onderhouden en de samenleving als geheel moet de schouders eronder zetten om de kosten van een dergelijke samenleving op te brengen. Als het overheidsbeleid sekseneutraal was, zouden vrouwen makkelijker volwaardig kunnen werken.'

Als ik Jolande vertel dat mensen in mijn omgeving je juist met de nek aankijken als je níét werkt of maar een klein baantje hebt, is zij oprecht verbaasd. Ze kan zich niet voorstellen dat ik, net als vele anderen, het gevoel heb dat de vrijheid om te mogen werken lijkt te zijn omgeslagen in een dwang om te werken, zonder dat er veel tijd overblijft om met je kinderen door te brengen. Het was haar wel opgevallen dat het normaler is geworden dat mannen meer tijd met hun kinderen willen doorbrengen. Als ik haar vraag of zij van mening is dat beide ouders fulltime moeten werken, trekt ze een zuur gezicht. Ook zij ziet ouders die beiden fulltime werken niet als het enig wenselijke model. Zelf heeft ze geen kinderen, maar ze ziet wel dat het voor kinderen belangrijk is om meer tijd met hun ouders door te brengen dan het geval is bij fulltime werkende ouders.

'De opvoeding moet goed gebeuren en misschien moet er dan door beide ouders maar wat minder gewerkt worden. Want de kinderen voortdurend wegbrengen, kan ook de oplossing niet zijn. Als ik van die gehaaste snauwende ouders rond zie scheuren met hun bakfietsen vol kinderen, word ik daar niet vrolijk van. Mensen moeten zelf kunnen beslissen hoe ze het huishouden en de zorg indelen. Ik ben dus helemaal niet van de "afwaspolitie". Ik denk wel dat je als werkende ouder in andere landen meer mogelijkheden hebt. Er moet natuurlijk niet van de overheid worden verwacht dat zij iedereen gelukkig maakt, maar het moet ook niet zo zijn dat de overheid mensen die werk en zorg willen combineren, tegenwerkt. Zo is het in Frankrijk heel normaal dat kinderen van negen tot vijf op school zitten en daar warm eten krijgen. In Engeland ben je juist een goede ouder als je de kinderen naar kostschool stuurt. Ik wil niet zeggen dat dat ideaal is, maar wel dat er méér is dan de Nederlandse moederschapscultuur. Besef wel dat de echte probleemkinderen juist meestal moeders hebben die níét werken. De Savanna's[1] en andere drama's: ze gebeuren steevast bij moeders die afhankelijk zijn van

1. Savanna is de driejarige peuter die op 20 september 2004 stierf als gevolg van vergaande verwaarlozing en mishandeling.

een man en voor wie hij belangrijker is dan hun kind. Kinderen worden niet verwaarloosd omdat moeders werken. In de jaren vijftig, toen moeders niet werkten, werd er minder tijd aan de kinderen besteed dan nu. Dat werd gewoon niet zo belangrijk gevonden.

Het is belangrijk dat beide ouders werken en hun werk serieus nemen. Maar dat moet niet ten koste gaan van de kinderen, het mag niemand schaden. Ik kom zelf uit een communistisch milieu, waar ik me tegen heb afgezet omdat daar een soort minachting heerste voor het persoonlijke leven, en er was geen ruimte voor gezinsintimiteit. Het sovjetmodel gaf ook weinig ruimte aan kinderen. Mensen moeten vrij zijn om hun privéleven zelf in te richten. Voor mij houdt het feminisme in dat je niet tot sekse wordt gereduceerd. Ik ben er helemaal niet tegen om af en toe financieel afhankelijk te zijn, maar het is verschrikkelijk om je leven op grond van je sekse niet vrij te mogen inrichten.

Wel ben ik heel erg tegen het bevoordelen van bepaalde levensvormen. Geen kinderen, wel kinderen, alleenstaanden: het zijn allemaal achtenswaardige levensvormen. Daarom ben ik tegen kinderbijslag en tegen het ontheffen van bijstandsmoeders uit hun sollicitatieplicht. Omdat die bijstandsmoeder ooit heeft besloten haar baan op te zeggen, meestal zoals dat heet "in goed overleg" met haar toenmalige man, zou zij, nu hij is vertrokken, plotseling niet meer in staat zijn om voor haar eigen leven en levensonderhoud te zorgen en moet de staat dat maar doen? Die logica wil er bij mij niet in. Werken hoort gewoon bij het leven, je bent zelf verantwoordelijk; als je geen rentenier bent dan zit er niks anders op.'

Ligt de oplossing dan in de mogelijkheid voor beide ouders om vier dagen per week te werken? Jolande antwoordt dat de discussie over hoeveel uur wie precies werkt, haar te concreet is. Zij wil voornamelijk af van het vanzelfsprekende idee dat twintig uur werken voor een vrouw goed genoeg is. Op wat daarvoor precies in de plaats moet komen, is volgens haar geen eenduidig antwoord te geven. 'Als je een wetenschappelijke carrière ambieert, is in deeltijd werken problematisch, en dat geldt eveneens voor een chirurg. Ik vind het ook vervelend dat ik op wachtlijsten kom te staan doordat iedereen in deeltijd werkt. Volgens mij wordt er in Nederland bijzonder weinig gewerkt. Aan de ene kant weet jouw generatie misschien niet goed meer hoe zorg en werk te combineren. Aan de andere kant zie ik hier de hele dag kwieke vijftigplussers langsstruinen die niet weten wat ze met hun zee aan vrije tijd moeten. De trein zit voortdurend vol met dagjesmensen die mij verbaasd vragen of ik nog werk. Alsof ik een bejaarde ben die zich achter een rollator hoort voort te bewegen! Wat is dat voor een mentaliteit? Soms vraag ik me echt af of er nog mensen zijn die wél werken.'

Als ik Jolande vraag waar het negatieve beeld dat jongere generaties van feministen hebben vandaan komt, moet ze erg lachen om mijn beschrijving van boze, liefst lesbische, vrouwen in tuinbroek met okselhaar en zelfgemaakte oorbellen. Haar antwoord is ontwapenend: 'Dat beeld klopt ergens ook wel. Die tuinbroeken en het okselhaar waren een reactie op de "*Libelle*-boodschap" die vrouwen als voornaamste levensdoel voorhield dat zij een man moesten vinden en houden. Vrouwen behoorden niet te sporten, want zweten was ongepast. Daar zetten wij ons tegen af. Bovendien moet je die kledingstijl in die tijd plaatsen. Het was een politieke tijd, vol demonstraties en universiteitsbezettingen, er heerste beslist een taboe op mooie kleding – op mooie dingen in het algemeen – en ook op ambitie. De vrouwenbeweging was erg links, en wij wilden ons ook onderscheiden van de deftige eerstegolffeministen. Dus deden we een beetje armoedig. De Dolle Mina's waren wel in korte rokjes samen met mannen begonnen, maar de vrije liefde was toch wel erg in het voordeel van de mannen uitgevallen. Toen kreeg je inderdaad uitwassen. Waar het feminisme volgens mij streed tegen het maken van verschil op grond van sekse, zag je plotseling de mannenhaat en vrouwenverheerlijking opkomen. Het is natuurlijk waar dat mannen toen vaak seksistisch waren, maar ik heb er een hekel aan als mensen op grond van hun sekse worden gestigmatiseerd. Ook mannen. Er zijn heel zorgzame vaders en krengen van moeders. Maar rond 1970 moesten vrouwen zich echt nog bevrijden en hun rechten opeisen. Vroeger had een vrouw niet eens de ouderlijke macht. Dat alles gaat en ging niet zonder slag of stoot en daar komt het beeld vandaan dat jouw generatie van feministen heeft.'

Waarom Jolande zo fel op het boek van Christien reageerde, weet ze maar al te goed. 'Christien gaat terug naar een soort truttigheid waarin vrouwen eigenlijk een ander soort mensen zijn. Dat is juist het beeld dat ik als feminist probeer te bestrijden. Alsof vrouwen dom zijn maar wél goed kunnen zorgen. Ik haal niet minder voldoening uit mijn werk dan een man. Ik wil af van dat stereotiepe mannetje en vrouwtje met de daaraan gekoppelde verwachtingen en veronderstellingen. Ik heb er bezwaar tegen om te worden gereduceerd tot een soort met bepaalde eigenschappen. Daar word ik heel recalcitrant van. Er zijn leuke en stomme dingen die moeten gebeuren, of je nu vrouw bent of man. Werken is niet altijd leuk en schoonmaken ook niet, maar het moet nou eenmaal gebeuren. Als schoonmaken en zorgen ineens weer tot iets heerlijks worden verheven, kan ik dat slecht verdragen.'

Als ik haar vertel dat ik het boek van Christien niet op die manier geïnterpreteerd heb, luistert Jolande aandachtig. Ik heb nergens gelezen dat Christien vrouwen achter het aanrecht en de kinderwagen zou willen zien, en ook ik zou daar absoluut bezwaar tegen maken. Wat ik wel heb gelezen, is dat zij vindt dat er meer rekening moet worden gehouden met het feit dat mannen en vrouwen niet hetzelfde zijn. En dan gaat het vooral over de tijd vlak na de bevalling. Ik weet dat er een tijd is geweest dat je als vrouw respect kreeg als je drie dagen na de bevalling alweer op de fiets zat en je eigen zaken regelde. Daar zie je nu de keerzijde van: die vrouwen eindigden vaak met een burn-out. Of je het nou leuk vindt of niet, die baarmoeder en bijbehorende hormonen horen bij een vrouw, maar volgens het gelijkheidsdenken worden mijn baarmoeder en hormonen juist ontkend. Hoe graag ik ze ook zou willen ontkennen, ik was tegen een betonnen muur op gerend toen ik dat probeerde. Dat Christien ze niet ontkent, zie ik dus als bevrijding.

Jolande geeft toe dat je om hormonen niet heen kunt. Toen ze enige tijd geleden kanker kreeg en de arts haar liet kiezen tussen een chemokuur of het verwijderen van haar eierstokken, koos ze voor het laatste. En hoewel de arts haar waarschuwde dat ze de gevolgen van die ingreep niet moest onderschatten, was het haar toch vies tegengevallen. 'Ik was tot niets in staat. Ik wilde niets liever dan werken om mezelf af te leiden, de opvliegers maakten me het werken echter gewoon onmogelijk. Maar je gaat de wereld toch niet inrichten op fysieke ongemakken? Rokers en drinkers zijn echt slechtere werknemers dan menstruerende vrouwen. Toch zijn die hormonen jarenlang gebruikt om vrouwen weg te zetten als emotionele, domme wezens die alleen geschikt waren om te zorgen. Met het boek van Christien kunnen ze die argumenten weer van stal halen, en daar ben ik erg huiverig voor. Misschien is dat ook wel een kloof tussen jouw en mijn generatie. Ik kom uit de tijd dat ik ervoor moest véchten om wat anders te mogen worden dan alleen moeder. Wij streden tegen de baar-dwang. De vrijheid die daarvoor in de plaats is gekomen, heeft beslist grote verplichtingen en verantwoordelijkheden met zich meegebracht, vrijheid is niet per se gemakkelijk! Misschien is jouw generatie daardoor wel in een fase beland waarin je moet knokken om naast je werk kinderen te kunnen krijgen, terwijl de samenleving daar nog niet op is ingericht.

Was je vroeger een manwijf als je een carrière wilde, nu ben je kennelijk een burgertrut als je kinderen wilt. Misschien betalen jullie de prijs van die overgangssituatie. Maar ik denk soms ook dat jullie gewoon te veel willen. Het is ook een vorm van emancipatie om niet aan al die verwachtingen tegelijk te willen voldoen: goed koken, kinderen, er mooi uitzien, sporten, tijd voor vriendinnen, veeleisende banen – dat kan niemand allemaal tegelijk. Dat willen is gewoon dom en verwend.'

Ontroerd rijd ik terug naar huis. De 'hardekernfeminist' blijkt een zachtaardige vrouw die zich om zich te beschermen tegen het oordeel dat haar wensen en ambities niet meetellen, door de jaren heen in zo'n dik harnas heeft gehesen dat het inderdaad langs haar heen is gegaan dat de nieuwe generatie met andere problemen kampt. Het gevecht dat Jolande levert, is voor haar generatiegenoten nog steeds levensecht. En toch doet dat niets af aan de problemen waar mijn generatie mee kampt.

CHRISTIEN BRINKGREVE

'De bevrijding uit een knellende blauwdruk'

Christien ontmoet ik in sociëteit Arti op een regenachtige namiddag in Amsterdam. Ook zij is een 59-jarige socioloog die er als kind vreselijk tegen opzag om huisvrouw te moeten worden en ook zij wilde altijd al liever het leven van haar vader dan dat van haar moeder leiden. 'Het leek me verschrikkelijk om elke dag weer van voren af aan te moeten beginnen met huishoudelijke taken waar nooit een einde aan kwam. Ik vond Dolle Mina fantastisch, ik was toen achttien. Daar herkende ik me in. Dolle Mina verwoordde het gevoel waar ik zelf nog geen woorden voor had gevonden. Zelfontplooiing, onafhankelijkheid, zij hadden het over dingen waar ik mee zat, en op een leuke en lichte manier. Het verlichtte me, in alle opzichten. Ik zie de vrouwenbeweging dan ook als een bevrijdingsbeweging: de bevrijding uit de heersende blauwdruk. Die toen betekende dat je een huisvrouw moest worden, maar nu lijkt die blauwdruk om te slaan in de druk om voltijds te moeten werken. Voor mij staat het feminisme voor het creëren van meer ruimte om het leven in te richten naar je eigen verlangen en vermogen. Ik heb het idee dat ik dat feminisme door de jaren heen heel trouw ben gebleven, maar feministen van de tweede golf denken daar heel anders over.'

Christien weet wel waarom de feministen van haar generatie zo fel reageerden op het boek *Wie wil er nog moeder worden?*. Het wordt door hen als een aanval op het feminisme gezien. 'Omdat ik daarin zeg dat je best een tijdje minder mág werken als er kinderen zijn, als time-out om op verhaal te komen en een band met je kind te krijgen. Dat er niets mis mee is als je een tijdje jouw leven aanpast aan je kinderen. Natuurlijk is het belangrijk om financieel onafhankelijk te zijn en je talenten te ontplooien. Maar als je een tijdje voorrang wilt geven aan de zorg voor je kinderen moet dat niet meteen verketterd worden als achterlijk of ouderwets. De blauwdruk dat je vroeger thuis moest blijven, moet niet verruild worden door de blauwdruk dat je moet werken. Geef elkaar wat meer ruimte. De ene dwang moet niet vervangen worden door de andere.

Verder stoot ik feministen van mijn generatie voor het hoofd door te zeggen dat verschillen weer mogen meedoen en dat biologie een rol speelt. Niet in de zin dat de biologie bepalend is, en ook niet dat dat betekent dat vrouwen moeten zorgen of dat daar argumenten aan kunnen worden ontleend om vrouwen maatschappelijk ondergeschikt te houden. De feministen uit de jaren zestig hebben zich enorm verzet tegen het biologisch denken, en terecht, omdat het lang gebruikt is om vrouwen weg te zetten als irrationele wezens. Hun hersenen waren lichter en dus waren ze dommer en dus konden ze niet werken, maar des te beter zorgen. Zodra je de biologie erbij haalt, gaan bij hen de alarmbellen rinkelen. Toch zijn we inmiddels veel verder. Het besef van de grote invloed van cultuur en socialisatie heeft enorm aan kracht gewonnen. Het zou wetenschappelijk onjuist zijn om het biologische aspect te ontkennen. Het is achterhaald om te denken in "*nature*" tegenover "*nurture*" en te blijven hangen in die tegenstelling. Het gaat om de interactie tussen beide, tussen genen en omgeving. Als je de biologie niet mee laat doen, doe je mensen tekort. Zo hebben sommige vrouwen kort na de bevalling meer tijd nodig om te herstellen dan de wettelijke zestien weken. Juist door dat te ontkennen, zet je vrouwen knel. Hou je daar wél rekening mee, zoals in Zweden en Denemarken, door ruimere verlofregelingen te bieden, dan geef je hun de kans om op krachten te komen en op volle sterkte terug te keren. Zodat ze weer kunnen gaan werken als ze daaraan toe zijn, want werken vind ook ik heel belangrijk, maar zonder dat ze daarmee een eeuwige achterstand hebben opgelopen. Dat betekent dat overheid en werkgevers daar meer ruimte voor moeten scheppen. Overheid en werkgevers zijn beide belangrijke spelers in het verhaal, in deze nieuwe ronde van de feministische strijd.

Ik denk ook dat ik nóg iets zeg wat niet in de feministische smaak valt: dat veel vrouwen in de knel zitten. Het glazen plafond wordt niet alleen veroorzaakt door een mannenkartel dat vrouwen buitensluit, maar ook doordat vrouwen zich vaak niet prettig voelen in die topposities. Het is een wereld waarin zij zich vaak niet helemaal thuis voelen, en dan vind ik het beter om te kijken waar dat aan ligt dan om te stellen dat ze zich maar moeten aanpassen en net zo moeten worden als mannen. Alsof die mannen de norm zijn en hun werkend leven het model. Vrouwen raken ook in de knel omdat ze niet altijd alles tegelijkertijd kunnen, terwijl dat wel van hen wordt verwacht – in tegenstelling tot mannen in dezelfde functie. Niet iedereen is een supervrouw die alles kan en nooit moe wordt. Dat is gewoon niet waar. Een enkeling kan alles moeiteloos combineren, maar laten we elkaar niet wijs gaan maken dat wanneer zij het kunnen, iedereen het moet kunnen. Het is naar mijn idee niet alleen een vrouwenissue, maar bij vrouwen zie je de prijs van de emancipatie wel eerder en duidelijker omdat zij werk en zorg al vaker combineren dan mannen. En de stress die zo'n combinatie oplevert, moet niet omslaan in een nieuwe knellende blauwdruk. Daarmee wil ik niet zeggen dat vrouwen dus maar thuis moeten blijven. Dat is ook voor mij een schrikbeeld. Mijn boek *Wie wil er nog moeder worden?* is juist een pleidooi om de combinatie te vergemakkelijken en op zoek te gaan naar (beleidsmatige) oplossingen. We moeten naar andere landen kijken en zien hoe het ook kan, en ons niet blindstaren op de situatie waar we nu in beland zijn. Er is veel veranderd, en juist nu is het een mooi moment om te kijken wat er verbeterd zou kunnen worden, waar we de druk af moeten halen en waar we die juist op moeten voeren.'

Volgens Christien is het nu een geschikt moment omdat er een nieuwe groep feministen is opgestaan die geen last heeft van de zware erfenis van de tweedegolffeministen. 'Jouw generatie feministen voelt zich veel vrijer, jullie staan anders in het leven en schieten niet meteen in een kramp als het over het verschil tussen mannen en vrouwen gaat. Het is belangrijk dat er met een open blik naar de man-vrouwverhoudingen wordt gekeken. Hoe kunnen beiden zich ontplooien, is een ander uitgangspunt dan hoe je aan het plaatje kunt voldoen. Nu is de tijd rijp om het debat open te gooien en dat gebeurt ook. Ik zie steeds meer jonge vrouwen nadenken over hoe kinderen te krijgen met behoud van werkambities. Terwijl de feministische reflex is blijven steken in verouderde gevechten, alsof het recht om te werken nog bevochten moet worden. Daar gaat het toch helemaal niet meer om, dat is zo langzamerhand een gevecht tegen windmolens. En verder haat ik dat paternalisme, of maternalisme: alsof zij weten wat goed voor je is. Voldoe je aan dat beeld, dan ben je progressief, volwaardig en verlicht; anders niet. Gelukkig is jullie generatie daar niet gevoelig voor.'

Christien maakt zich wel zorgen over het feit dat mijn generatie zo individualistisch bezig is met de problemen waar we tegenaan lopen. 'Daardoor is jouw generatie eerder geneigd om te denken dat zij de problemen waarmee ze kampen ook zelf op moeten lossen. Eigen keuze is ook eigen verantwoordelijkheid en eigen schuld. Maar het persoonlijke is niet alleen politiek, het is ook sociaal. Als een heel grote groep individuen tegen hetzelfde probleem aan loopt, is dat een collectief probleem waar ook een collectieve oplossing voor gezocht moet worden. De individualistische cultuur heeft zo sterk doorgezet dat jongeren denken dat zij het zelf zijn die hun leven kunnen bepalen. Ze zien zichzelf als regisseurs van hun eigen bestaan, en als het tegenzit, is het hun eigen schuld. Maar zoveel heb je niet in de hand – de ongelijkheid in kansen en mogelijkheden is groot. Het gegeven dat je eerst je werk op poten moet zetten; dat de woonlasten hoog zijn en je dus veel moet verdienen, dat je als je een tijd parttime werkt een carrière wel kunt vergeten; dat het in veel organisaties voor mannen nog steeds niet makkelijk is een tijd parttime te werken: dat zijn sociale gegevens. Zo is de samenleving ingericht. Een kind krijgen is een persoonlijke beslissing, maar de manier waarop je werken en zorgen kunt combineren, is in deze tijd een sociaal gegeven. De ideeën over wat een goed moment is om kinderen te krijgen, hoe mensen zich voor elkaar verantwoordelijk voelen, wiens zorg het is, en wat goede zorg is: dat is allemaal sociaal.

Mijn generatie wilde wél de wereld van hun vader hebben maar níét die van hun moeder, en daar streden we voor. Jullie generatie wil beide werelden. Daardoor is het eisen- en takenpakket veel omvangrijker geworden. Waar ik het huishouden erbij deed zonder me te kwellen met hoge eisen, en vriendschappen uit tijdgebrek jarenlang verwaarloosde omdat ik al blij was dat ik mocht werken en ook kinderen kon krijgen, hoeven jullie dat niet meer te bevechten, en stellen jullie op béíde gebieden hoge eisen aan jezelf. Dat brengt dus ook nieuwe knellende situaties met zich mee, waar collectief oplossingen voor gezocht moeten worden. Oplossingen die aansluiten bij de verlangens en de vermogens van jullie generatie met meer ruimte voor kinderen, want die mogen dit keer niet vergeten worden.

Ooit werden financiële zelfstandigheid van vrouwen en hun positie op de arbeidsmarkt het hoofddoel van de emancipatie, en is ontplooiing op andere terreinen overboord gevallen. Nu is de tijd rijp om die andere ambities nieuw leven in te blazen. Dat zie ik jullie generatie wel doen. Maar dan moet er wel collectief naar oplossingen worden gezocht. Oplossingen die niet vrijblijvend zijn maar ook zeker geen nieuwe knellende blauwdruk vormen.'

Als ik naar huis fiets, blijft de opmerking dat mijn generatie gelukkig niet gevoelig is voor de oordelen van de tweedegolffeministen aan mij knagen. Aan de ene kant hoop ik dat Christien gelijk heeft, maar tegelijkertijd hebben de starre opvattingen van de *Opzij*-feministen ook bijgedragen aan de emancipatiekramp waarin we ons nu lijken te bevinden.

3. Het persoonlijke is politiek maar ook sociaal

Lot- en generatiegenoten over hun idealen en knelpunten

Dat ik niet de enige ben die wanhopig alle ballen in de lucht probeert te houden, daar was ik in de zandbak al achter gekomen. In diezelfde zandbak had ik ook ontdekt dat degenen die in dezelfde spagaat zaten als ik, niet veel voor gezamenlijke acties voelden omdat ze niet wilden klagen. Actievoeren, dat was iets voor feministen. Ooit hadden de tweedegolffeministen met de slogan 'Het persoonlijke is politiek' duidelijk willen maken dat de vrouwenkwestie niet langer een individueel probleem was maar een zaak van algemeen belang, een politiek relevante kwestie. Tegenwoordig is het niet meer genoeg om alleen de politiek wakker te schudden. Ook moderne ouders moeten opstaan: zij blijven zichzelf en elkaar voorhouden dat hun problemen slechts persoonlijk zijn in plaats van sociaal en aan maatschappelijke invloed onderhevig. Ik besloot het er niet bij te laten zitten. Ik was mijn stem kwijtgeraakt en overspannen geworden, denkend dat het allemaal aan mij lag. Nu had ik mijn stem weer terug en al was ik werkloos, ik zou die tijd gebruiken om van mij te laten horen. Ik wilde voorkomen dat er nog meer mensen overspannen in de zandbak zouden belanden.

Ik begon opiniestukken naar de krant te sturen en accepteerde een bestuursfunctie bij het Alternatief voor Vakbond (AVV), de vakbond die door Mei Li Vos, inmiddels Tweede Kamerlid voor de PvdA, was opgericht. Bij het AVV zet ik mij in voor de mogelijkheid van mannen en vrouwen om werk en zorg beter te combineren. Ik pleit voor uitbreiding van het vaderverlof en voor keuzevrijheid. Ik schrijf opiniestukken en columns en neem deel aan debatten en symposia. Zo kwam ik ook in contact met Women Inc., een platform voor vrouwen die verandering willen. Elke maandagavond geven zij het podium aan een vrouw die een thema op de agenda wil zetten. Toen ze mij benaderden en vroegen of ik vanuit het AVV misschien ook een thema op die agenda wilde zetten, bedankte ik in eerste instantie vriendelijk voor die eer. Hoewel ik de sfeer en de toon van de maandagavonden heel prettig vond, was het me al vaker opgevallen dat veel thema's verzandden in een aanklacht tegen mannen. Daar wilde ik niet aan meedoen. Maar tot mijn verbazing vonden ze dat juist een goed thema waar zij graag een van de maandagavonden aan wilden besteden.

Enige weken later stond ik op het podium van Women Inc. met de oproep om de emancipatiekramp te doorbreken en mannen niet altijd zo snel af te serveren. Tot mijn verbazing werd er behalve het eeuwige verwijt dat ik naïef zou zijn, tamelijk enthousiast gereageerd. Toen er later via internet werd gestemd over de thema's die het jaar daarop extra aandacht zouden moeten krijgen, werd mijn thema zelfs tot in de top drie verkozen. In plaats van de rotte eieren die ik naar mijn hoofd dacht te krijgen, kreeg ik een denktank[2] van wijze mannen en vrouwen voor het vraagstuk hoe het ouderschap zich zodanig kan emanciperen dat het past in het leven van werkende ouders. Samen met hen bedacht ik onder andere een keurmerk voor gezinsvriendelijke bedrijven en een quotum voor luizenvaders tegenover het quotum voor vrouwen aan de top. We benadrukten de noodzaak om goede betaalbare dagarrangementen voor kinderen te creëren. We benadrukten ook het belang van de uitbreiding van kraamverlof voor mannen en vrouwen, en van de manier waarop organisaties die zich op kinderen richten, vaders en moeders benaderen. Als je een luizenouder en voorleesouder steevast 'luizenmoeder' en 'voorleesmoeder' blijft noemen, moet je niet raar opkijken dat het negen van de tien keer vrouwen zijn die zich daarvoor opgeven. Zo leg je de zorgverantwoordelijkheid als vanzelfsprekend bij haar en zullen mannen zich ook niet snel aangesproken voelen.

Terwijl Joost zijn hart vasthield, bang dat ik me weer over de kop zou werken, was hij heel trots op het feit dat ik een podium en hulptroepen kreeg om mijn stem te laten horen. Hij steunde me waar hij kon. Ik gaf interviews in kranten en bladen, die op hun beurt weer vele reacties opriepen van mensen uit het hele land, die hun steun betuigden en mij hulp aanboden. Deze mensen waren niet bang

2. Een denktank bij Women Inc. bestaande uit: Claartje Vinkenburg (directeur van het Amsterdam Center for Career Research), Joop Schippers (hoogleraar arbeids- en emancipatie-economie), Anita Schwab (coördinator van het vadercentrum adam), Janneke Plantenga (hoogleraar kinderopvang), Christien Brinkgreve (hoogleraar sociologie), Erna Hooghiemstra (oud-directeur Nederlandse Gezinsraad), Henk Hanssen (oprichter en hoofdredacteur van IkVader.nl), Bilal Sahin (werkzaam in het vadercentrum adam) en Linda Woudstra (directeur en oprichtster van Regeltante.nl).

om een vuist te maken. Ook zij wilden een weerwoord geven. Daarop besloot ik een aantal van hen te bezoeken en hen te vragen waar hun moderne onbehagen uit bestond. Want gek genoeg wordt dat nooit precies benoemd: het onbehagen in hun leven, in de combinatie van werk en zorg en in de man-vrouwverhoudingen. Waar lopen zij tegenaan, en wat moet er volgens hen veranderen? Aan de hand van die gesprekken wil ik meer in kaart brengen dan alleen de problemen uit mijn eigen stadse leven.

ELS HOLSAPPEL

'Ik ben een feminist, maar steeds vaker tegen wil en dank'

Met Els Holsappel spreek ik af in het centrum van Amersfoort. Els is een grote blonde vrouw van 39, die sinds kort, naast haar baan en de zorg voor haar zoon Thomas (3), een opleiding journalistiek volgt. Al vanaf de middelbare school wilde Els het liefst de schrijvende journalistiek in, en met dat doel voor ogen ging ze geschiedenis studeren, maar tot op heden is het bij een toekomstdroom gebleven. Na haar studie rolde Els van het ene uitzendbaantje in het andere en zo maakte ze onbedoeld carrière in de vastgoedbranche. Nu heeft ze een leidinggevende functie bij de gemeente Amersfoort.

Kortgeleden besloot ze het roer om te gooien. Na jaren waarin Els werd gedwongen om van dag naar dag te leven, is er nu eindelijk tijd en ruimte om haar vroegere droom te verwezenlijken. Zo kom ik ook met haar in contact. Els heeft zichzelf altijd een feminist gevonden, maar steeds vaker tegen wil en dank. Als ze mijn uitspraak 'Fuck, ik ben een feminist' in *Opzij* leest, besluit ze mij te vragen voor een interviewopdracht. Tijdens dat interview laat Els meermaals weten moeite te hebben om in haar rol van interviewer te blijven. Het liefst zou ze mijn verhalen met haar eigen ervaringen en observaties aanvullen. Ze zegt zich voor het eerst in iemand te herkennen. Zij is hoofdkostwinner en haar man zorgt door omstandigheden vooral voor hun kind. Ze vindt dat de zorg van vaders best wat meer respect mag krijgen. Omdat het klikt tussen mij en Els, en ik nieuwsgierig ben geworden naar haar verhaal, maken we een vervolgafspraak.

Een maand later ontmoet ik Els in een restaurant vlak bij haar werk. Els woont in een klein dorpje zonder horecagelegenheid, zodat het haar beter leek om in Amersfoort af te spreken. Als we wat te drinken hebben besteld, vraag ik Els wie ze is. Waar komt ze vandaan, wat heeft ze van huis uit meegekregen en hoe heeft dat de keuzes in haar leven beïnvloed? Els verslikt zich bijna in haar wijn, maar herstelt zich.

Dan steekt ze op zakelijke toon van wal. Geboren in Dalfsen, een klein protestants-christelijk plaatsje tussen Zwolle en Ommen. Na de havo ging ze naar het vwo, daarna is ze in Utrecht gaan studeren. Dan volgt haar cv, en je kunt horen dat ze dat regelmatig opdreunt. Hoewel Els een heel open en aardig gezicht heeft, blijkt ze zelfs een beetje stug. Terwijl ze tijdens onze vorige ontmoeting stond te popelen om haar verhaal te vertellen, moet ik nu veel moeite doen om haar aan het praten te krijgen. Maar eenmaal op gang, vertelt ze het hele verhaal toch.

Haar vader werkte vrijwel zijn hele leven bij de Gasunie, en zijn vader was arbeider in de melkfabriek. Na de basisschool is Els' vader naar de mulo gegaan, daarna volgde hij een technische opleiding en bouwde een mooie carrière op. Haar moeder is een traditionele huisvrouw die Els heel beschermend heeft opgevoed. Zozeer zelfs dat ze Els maar met moeite het huis uit liet gaan om te studeren.

Alsof het voor het eerst tot Els doordringt, zegt ze: 'Ik denk dat mijn moeder het echt moeilijk heeft gehad met het feit dat ik ging studeren. Zij kwam uit een klein boerenbedrijf in Dalfsen. Toen ik op de middelbare school zat en op hockey wilde, vond zij dat boven mijn stand. Toen ik ook nog wilde studeren, werd zij echt bang dat het te hoog gegrepen was. Ik heb veel strijd met haar moeten leveren en ik denk wel eens dat zij een beetje jaloers op mij was. Mijn moeder is een slimme vrouw die naar de huishoudschool moest en blij mocht zijn dat ze die af mocht maken, terwijl ze zoveel in haar mars had. Ze was niet gelukkig als huisvrouw. Toen ik ouder werd, begreep ik haar beter; zij heeft na de huishoudschool nog bij de pachtheer van haar vader in de bediening gewerkt, terwijl haar dochter op hockey zat en ging studeren. De stap was voor mijn moeder gewoon te groot. Waarschijnlijk had ze het beter aangekund als ik een praktijkopleiding was gaan volgen, snel getrouwd was, jong kinderen had gekregen en bij haar in de buurt was komen wonen. Maar dat heb ik allemaal niet gedaan. Daarvoor was ik veel te ambitieus. Ik moest en zou studeren.'

Els kwam na haar studie in de taxatie van onroerend goed terecht, en kreeg een goede baan bij een commercieel taxatiebureau. Daar werd ze al snel projectleider. 'Ik moest keihard werken en hield weinig tijd over voor een sociaal leven, maar dat boeide me niet erg. Ik genoot van mijn werk. Ik verliet het taxatiebureau om interim-manager/consultant bij een klein bedrijf in dezelfde branche te worden. Daar was ik vooral veel tijd kwijt aan puinruimen. Het was een heel hectische baan die nogal wat vroeg van mijn privéleven. Gelukkig heb ik bij dat taxatiebureau ook mijn man, Michel, leren kennen. Toen ik hem zag, dacht ik: dat wordt de vader van mijn kinderen. Een jaar later kochten we een huis en vier jaar later trouwden we.'

En kinderen? Els kijkt droevig. 'We hadden het allebei zo druk met ons werk dat we onze kinderwens voor ons uit schoven. Het was ook nog wel even duwen en trekken voordat ik Michel zover kreeg dat hij ook een dag minder wilde gaan werken als er een kind kwam. Hij had zich ingesteld op fulltime werken, zoals zijn vader had gedaan, maar ik wilde het samen doen. Ik zou niet weten waarom ik wel minder moest gaan werken en hij niet. Uiteindelijk gaf hij toe. We zouden de zorg en het werk eerlijk verdelen door allebei vier dagen te gaan werken, ieder één dag alleen te zorgen, en ons kind drie dagen in de week naar de opvang te brengen. Toen we eenmaal zover waren, lukte het maar niet om zwanger te worden.'

Els en Michel besloten een lange, verre reis te maken. Toen sloeg het noodlot toe. In Zuid-Afrika viel Michel plotseling om. Eerst dacht Els dat hij een epileptische aanval had, maar in het ziekenhuis bleek dat hij een beroerte had gehad. In Nederland belandde Michel in de WAO, zijn bedrijf ging failliet terwijl Els de mogelijkheid kreeg om het bedrijf waar zij werkte over te nemen, maar Michels ziekte maakte dat onmogelijk. Bovendien raakte ze uiteindelijk toch zwanger.

'Het bedrijf waar ik werkte, hield op te bestaan. Mijn toenmalige opdrachtgever, de gemeente Amersfoort, bood mij gelukkig een baan aan. Al was die baan weinig uitdagend en ver onder mijn niveau, op dat moment was het prima. Er volgden zware tijden en er gebeurde privé zo verschrikkelijk veel dat ik er ook geen zware baan bij kon hebben. Ik werd me er toentertijd heel sterk bewust van dat het leven lang niet zo maakbaar is als ik gedacht had.'

Els had moeite gehad om zwanger te worden door een aangeboren cyste aan haar eierstok. In de zeventiende week van haar zwangerschap ging die cyste draaien en ze moest acuut worden geopereerd met gevaar voor het leven van de baby. Gelukkig werd haar zoon Thomas gezond geboren, maar toen de rust weer enigszins was teruggekeerd, werd Els opnieuw zwanger. Helaas kreeg zij na vierenhalve maand een miskraam. Hoewel een tweede kind hun heimelijke droom is, weten ze niet of die wens wel verstandig is. Sinds de beroerte van Michel gaat het relatief goed met hem, maar hij is nooit weer helemaal de oude geworden. Hij kan nog maar naar één persoon tegelijkertijd luisteren. Praten er meer mensen door elkaar heen, dan kan hij de gesprekken niet meer volgen.

Na een lange stilte vraag ik Els hoe zij het nu thuis geregeld heeft.

Michel werkt één dag in de week bij Natuurmonumenten en twee tot drie dagen op re-integratiebasis. Els is hoofdkostwinner en werkt de ene week drie en de andere week vier dagen. Daarnaast volgt ze de opleiding journalistiek. Thomas gaat drie dagen in de week naar de crèche, en Michel zorgt één dag in de week voor hem. Op de andere zorgdag wisselen Els en haar ouders elkaar af. 'Als Thomas straks naar school gaat, is hij veel eerder vrij en dan moeten we alles weer anders gaan regelen, daar zie ik best tegenop.'

Zuchtend zegt ze dat ze graag wat dichter bij huis en school zou willen werken. Dan is ze minder tijd kwijt aan reizen. 'Die reistijd breekt je op een gegeven moment echt op. Als ik Thomas naar de crèche breng, ben ik pas om halftien op mijn werk. Om mijn uren vol te maken, ben ik pas om zeven uur weer thuis, als ik niet in de file sta of de treinaansluiting mis. Dan ligt Thomas al bijna in zijn bed. Ik voel me voortdurend tekortschieten. Op mijn werk omdat ik zo laat kom en toch weer snel wegga, en bij Thomas omdat ik hem zo vroeg naar de crèche breng en pas thuiskom als hij al heeft gegeten. Dan heb ik nog het geluk dat Michel vlak bij de crèche werkt. Hij kan Thomas vroeg ophalen en te eten geven. Stel je voor dat hij dat niet had gekund, dan weet ik niet of ik mijn baan wel had kunnen houden.'

De broze Els van zonet verandert opeens weer in een strijdlustige vrouw. Fel zegt ze: 'Sinds ik een kind heb, ben ik ervan overtuigd dat een baan combineren met de zorg voor kinderen echt veel te stroef gaat. De afstand tussen werk en wonen wordt steeds groter, terwijl de wereld van ouders met kleine kinderen eerder kleiner wordt. Samen met je peuter naar de bakker gaan is al een hele onderneming. Voordat het kind is aangekleed, het alle plantjes in de straat heeft bekeken en alle stoepjes op en af is geweest, ben je uren verder. Toen moeders zorgden en vaders werkten, viel dat misschien niet zo op, maar nu kom je als werkende ouder echt in de knel, en het emancipatiedebat helpt daar ook niet bij.'

Els heeft zich altijd met trots een feminist genoemd, maar de laatste tijd stoort zij zich enorm aan het feminisme. 'Het is alleen op vrouwen gericht. De zorg voor kinderen wordt altijd bij hen neergelegd en vaders lijken geen enkele rol te spelen. Alsof alleen de moeders kinderen krijgen! Daarom ben ik er wel voor dat powerfeminist Heleen Mees vrouwen die het zorgrecht uitsluitend voor zichzelf opeisen een trap onder hun kont geeft. Ook in haar betoog mis ik de behoefte van moderne mannen en vrouwen om de zorg en het werk te verdelen. Als het al over mannen gaat, is het omdat we op de arbeidsmarkt een voorbeeld aan hen moeten nemen terwijl zij thuis onwillende onbenullen zijn tegen wie we ons horen af te zetten. Toch speelt een eerlijker verdeling tussen betaald werk en zorg net zo goed voor mannen als voor vrouwen. Zeker in de jongere generaties.

Ik zie steeds vaker mannen die betrokken vaders voor hun kinderen willen zijn, en vrouwen die het hoofdkostwinnerschap willen combineren met de zorg voor kinderen. Opa's durven tegenwoordig ook toe te geven dat zij wat gemist hebben. Mijn vader werkte altijd, ook op mijn verjaardag. Nu zegt hij regelmatig dat hij het zo jammer vindt dat hij de dingen die hij nu met mijn zoon Thomas doet, nooit met mij en mijn broer heeft gedaan. Dat moeten we niet uit het oog verliezen. Zowel mijn vader als mijn moeder vindt dat onze generatie de rollen zoveel beter verdeelt dan zij deden. Dat moeten we koesteren. Er valt nog een hoop te emanciperen en we zijn er nog lang niet, maar als we een hoger niveau van emancipatie willen bereiken, moet het accent wel verschuiven. Het antiman- en vaak ook antikindsentiment van de tweede emancipatiegolf is uit de tijd en ongepast.'

Els heeft inmiddels hoogrode wangen en ze schiet in de lach als ik vraag of ze zichzelf nog steeds een feminist vindt. 'Ja, dat wel, maar steeds vaker tegen wil en dank. Dat is, denk ik, wel typerend voor deze generatie. Jongeren zijn wel degelijk met emancipatie bezig, maar ze willen niet met het feminisme worden geassocieerd. Gek is dat niet. De babyboomers beweren zoveel over onze generatie waarin ik mij echt totaal niet herken. Wij zouden bijvoorbeeld verwend zijn. Dat vind ik totaal niet. Juist de babyboomers hebben op veel terreinen weinig te klagen. Zij hebben de enorme welvaartsgroei meegemaakt en daar behoorlijk van kunnen profiteren. Zij konden van één inkomen rondkomen, een huis kopen, met vakantie gaan en rond hun zestigste jaar met pensioen. Dat is voor mijn generatie echt wel anders. Wij kunnen misschien vaker met vakantie en meer prullaria kopen, maar die luxe staat wel tegenover afnemende sociale voorzieningen. Voor ons is er geen VUT, en voor je AOW moet je langer doorwerken. Bovendien is de prestatiedruk nu veel groter. Tegenwoordig kan, mag en móét je dus ook veel meer. Er wordt steeds meer bezuinigd en tegelijkertijd wordt er steeds meer van deze generatie verwacht. We moeten mantelzorgers worden voor onze ouders en tegelijkertijd meer en langer doorwerken. Dat kan niet, dat loopt spaak. En dan noemen ze ons verwend!

Het wordt tijd', benadrukt Els, 'dat er niet gekeken wordt naar de moraal van "hoe het hoort", maar naar de behoefte van mannen en vrouwen. Dat vond ik ook zo'n verademing tijdens ons vorige gesprek. Eindelijk geen discussie aan welke voorwaarden vaders en moeders moeten voldoen, willen ze goede werknemers en goede ouders zijn. Kijk juist eens naar wat de nieuwe generatie zélf wil en stimuleer hen om dat te verwezenlijken op een manier die aanspreekt en perspectief biedt.'

Als we na afloop wat eten, vertelt Els dat zij zich verschrikkelijk kan ergeren aan de verheven ideeën over het moederschap. 'Vrouwen kunnen werken en mannen kunnen zorgen, zoveel is zeker. Toch worden de zorgcapaciteiten van vrouwen zoveel hoger gewaardeerd dan die van mannen. Andersom krijgen mannen op de arbeidsmarkt bijna automatisch ambitie en talent toegedicht, terwijl vrouwen daar een gebrek aan zouden hebben. Dat geloof ik niet. We moeten nog aan elkaars terrein wennen, meer niet. Vrouwen raken steeds vertrouwder op de werkvloer en mannen in het huishouden. Als je kijkt naar hoe het vroeger was en hoever we nu al zijn, dan duurt het niet lang meer tot we op beide terreinen even vertrouwd zijn. Maar dan moet het wel echt afgelopen zijn met dat gezeur over het uitbesteden van je kinderen, het zogenaamde "dumpen". Dat de crèche slecht voor een kind zou zijn en de *Libelle*-moeder" met haar kopje thee het ideaal, daar word ik echt misselijk van. Die moedermaffia met haar uitdeelknutselwerkjes, die mij het gevoel wil aanpraten dat ik een slechte moeder ben omdat ik voor al dat soort gefröbel geen tijd heb, is zo typisch Nederlands. Bah!'

Volgens Els zou het geweldig zijn als de opvang van zeven uur 's ochtends tot zeven uur 's avonds open zou zijn. 'Je hoeft je kind er niet van zeven tot zeven te "dumpen", maar het maakt wel mogelijk om je werk en dat van je eventuele partner op elkaar aan te sluiten.' Mijn angst dat je dan gewoon weer langer op je werk moet blijven omdat de opvang toch open is en de werkgever daar ook aan meebetaalt, vindt Els overdreven. Zij heeft kennelijk meer geluk gehad met haar werkgevers dan ik.

Waar Els zich wel dood aan ergert, is de aanwezigheidscultuur die binnen veel bedrijven heerst. 'Wil je nu hogerop, dan moet je minimaal 32 uur op je werk aanwezig zijn. Dat is lang niet altijd efficiënt. Het halfuur dat ik later kom, wordt door collega's vaak gebruikt om bij het koffiezetapparaat te kletsen. Dat is prima, maar dat ik daar niet aan meedoe, betekent niet dat ik minder goed werk aflever. Uiteindelijk maak ik mijn uren wel. En dat zou gemakkelijker kunnen als het wat flexibeler ingericht zou zijn zodat ik werk en privé beter op elkaar zou kunnen afstemmen. Het liefst werd ik daarom freelancejournalist, maar daarvoor is mijn hypotheek te hoog en mijn verantwoordelijkheid als hoofdkostwinner te zwaar.'

Als ik Els een aantal maanden later weer spreek, heeft zij niet stilgezeten. Haar opleiding journalistiek is afgerond en haar baan als leidinggevende bij de gemeente Amersfoort heeft ze verruild voor een parttimefunctie op de afdeling communicatie. Zo kan zij zich ook in haar werk op het schrijven richten, en houdt ze genoeg tijd over om als freelancejournalist te werken. Els heeft al een aantal goede freelance-opdrachten binnengehaald en het lijkt erop dat ze haar toekomstdroom eindelijk waar kan maken.

DENNIS GRIPPELING

'Mannen die wel graag willen opvoeden, worden niet aan het woord gelaten'

Els, die voor haar opleiding journalistiek mij een interview heeft afgenomen, weet dat interview in dagblad *De Pers* geplaatst te krijgen. De kop luidt 'Bedankt mama en nu kappen' met vlak daaronder een quote van mij die de lading van het interview goed weet te dekken:

'Ik heb een hekel aan feministen. Ik ben ze heel dankbaar voor de manier waarop ze hun zonen hebben opgevoed, maar nu is het genoeg geweest. Ze zijn verzuurd omdat ze vinden dat het niet gelukt is om de man te veranderen. Daarmee doen ze hun eigen zonen tekort. Mannen van onze leeftijd weten dat ze zich niet meer kunnen beroepen op traditionele waarden, en jongere mannen vinden het raar als je hen vraagt of ze later echt de luiers van hun kind zullen gaan verschonen. Maar de oude feministische garde wil dit niet zien.'

Op dit interview ontvang ik veel reacties, waaronder deze mail.

Beste mw. Wouters,

Heel blij werd ik toen ik het bericht las van u in *De Pers* dat u actief meer mannen wilt betrekken bij de opvoeding van kinderen. Zelf roep ik, als vader, al jaren dat ik meer wil deelnemen aan de opvoeding van mijn eigen kinderen, maar het komt maar niet van de grond. Ten dele door de tegenwerking van het bedrijfsleven en ten dele door de opvatting binnen de samenleving en instanties dat het 'nou eenmaal' de moeders zijn die voor de kinderen behoren te zorgen. Zelf werk ik nu al ruim een jaar als een van de weinige mannen in de buitenschoolse kinderopvang. Ik merk dat ook heel veel moeders het maar raar vinden dat ik daar werk. Er zijn zelfs moeders die hun kind van de BSO haalden toen ze merkten dat er een man ging werken... Het gekke is dat er wordt geroepen dat mannen die geëmancipeerd zijn, niet of te weinig in de krant komen met hun verhaal. Dat heb ik ook gemerkt. Er wordt nog steeds geroepen dat mannen niet willen opvoeden, met name oudere feministen hebben daar een handje van, maar de mannen die wel graag willen opvoeden worden niet aan het woord gelaten, is mijn ervaring. Het is zelfs zo dat heel veel vrouwen de verzorging van kinderen nog steeds als hun domein zien. Met name de oma's die hebben meegelopen in de eerste of tweede feministische demonstraties.

> Het lijkt wel of ze het alleen maar roepen, maar in werkelijkheid eigenlijk niet willen dat mannen deelnemen aan de opvoeding van kinderen. Het wordt tijd dat jij samen met welwillende vaders meer in de media komt om de gelijkwaardigheid van mannen en vrouwen als het gaat om het opvoeden van kinderen aan te tonen. Hulde aan jou, Roos.
>
> Vriendelijke groet,
> Dennis Grippeling

Onder aan de mail heeft Dennis zijn telefoonnummer en adres gezet. Tot dan toe waren er wel mannen die lieten blijken het erg op prijs te stellen een keer niet in het verdomhoekje gezet te worden, maar van de hartenkreet van Dennis en zijn bijzondere en openhartige verhaal ben ik dermate onder de indruk dat ik besluit contact met hem op te nemen.

Dennis ontvangt mij in zijn huis in Amersfoort. Hij is 39 en vader van Kayl (8) en Ryan (14). Hij werkt drie dagen in de week in de buitenschoolse kinderopvang, twee dagen als onderwijsassistent op een basisschool en een à twee ochtenden als vrijwillig museumdocent. Hij is een aantal jaar gescheiden en ziet zijn kinderen ongeveer zes dagen per maand.

Desondanks is alles in Dennis' huis ingericht voor kinderen. De tafel, waarop hij een glaasje water voor mij neerzet, is door hem beschilderd naar het voorbeeld van een tekening van zijn jongste zoon, en in de tuin staan een groot konijnenhok en een splinternieuwe kinderfiets. Het is alsof

Dennis past op het huis van een gezin dat elk moment van vakantie kan terugkomen.

Dennis is opgegroeid in Den Helder in een doorsnee-PvdA-gezin. Zijn vader was onderhoudsmonteur in een ziekenhuis en zijn moeder was huisvrouw tot hij en zijn broer negen en elf jaar waren. Toen is zij vijf dagen in de week als controleur op een naaiatelier gaan werken. Wat dat betreft waren zijn ouders heel vooruitstrevend. 'Ik was een van de eerste zogenaamde sleutelkinderen. Dat heeft nu een heel negatieve klank, maar ik heb nooit het gevoel gehad dat ik wat miste. Mijn broer en ik liepen van school naar huis en dan kwamen mijn ouders rond halfvijf thuis.'

Dennis is sowieso heel vrij opgevoed. Toen hij ontdekte dat hij goed kon tekenen mocht hij in Amsterdam een grafische opleiding volgen, al moesten zijn ouders elke ochtend om vijf uur hun bed uit om hem naar het station te brengen. Toen hij vijftien was, is hij in Purmerend op kamers gaan wonen. Dat vond hij heerlijk. Na het afronden van zijn opleiding moest hij in militaire dienst, waarna hij bij verschillende drukkerijen heeft gewerkt. Nu zit hij al een aantal jaren in het onderwijs.

Dennis gaat ongemakkelijk verzitten als ik hem vraag hoe hij zijn ex-vrouw heeft leren kennen. Droog zegt hij: 'In de kroeg. Niets dan goeds over mijn ex. Zij is een heel ambitieuze, vooruitstrevende vrouw die goed is in haar werk. Daarom viel ik ook op haar. Toen ze per ongeluk in verwachting raakte, geheel gewenst overigens, vonden we het allebei belangrijk dat zij haar talent zou blijven benutten. De verdeling van taken ging als vanzelf. Zij bleef vier dagen in de week werken, en ik vierenhalve dag. Ik heb toentertijd wel geïnformeerd of het mogelijk was om nog minder te werken. Ik vond namelijk dat ik wat extra tijd nodig had om een band met mijn kind op te bouwen. Maar meer dan die halve dag per week was onbespreekbaar, en ik wilde mijn baan niet op het spel zetten.

Ik moet wel zeggen dat die ene vrijdagmiddag in de week ervoor gezorgd heeft dat ik wel een band met mijn kind heb opgebouwd en hem echt heb leren kennen. Een moeder heeft een kind toch negen maanden in haar buik en daarna krijgt ze zwangerschapsverlof. Dat is in elk geval meer dan de twee dagen die een vader krijgt om een band met zijn kind op te bouwen. Als ik eerlijk ben, heb ik er wel een halfjaar over gedaan om zo vertrouwd te raken met mijn zoon dat het volkomen vanzelfsprekend voelde. Maar goed. Ik zorgde dus een halve dag per week alleen voor Ryan, en mijn moeder en schoonmoeder ieder twee dagen. Wat dat betreft hadden we het heel goed geregeld, alleen de reistijd van mijn ex was erg vervelend.'

Met zijn toenmalige vrouw woonde hij in Zaandam. Omdat zij in Deventer werkte en hij in Purmerend, hebben ze op een gegeven moment besloten een huis te zoeken op een locatie tussen hun banen in. Zo kwamen ze in Amersfoort terecht.

'Nu we gescheiden zijn, woon ik nog steeds in Amersfoort, maar mijn kinderen wonen bij mijn ex in Deventer. De scheiding viel samen met een reorganisatie op mijn werk waardoor ik plotseling zonder baan, vrouw en kinderen op een kamertje op driehoog-achter belandde. Je kunt wel zeggen dat ik toen even in een dipje raakte.'

Dennis lacht zuur: 'Dat dipje duurde een halfjaar. Daarna ben ik pas weer gaan denken hoe het nu verder moest met mijn leven. Ik miste mijn kinderen zo verschrikkelijk dat ik besloot om werk te gaan zoeken waarin ik veel kinderen om mij heen had. Ik moest mijn vadergevoelens op de dagen dat ik mijn kinderen niet zag, toch ergens kwijt. Zo kwam ik uiteindelijk op de lerarenopleiding terecht, en daarnaast vond ik een baan in de kinderopvang.

Inmiddels zit ik in het laatste jaar van mijn opleiding. Ik heb geweldig werk, een fijne eengezinswoning en een leuke vriendin, maar ik blijf mijn eigen kinderen ongelooflijk missen. Ik zie ze zo weinig dat het eerder voelt alsof ze soms bij mij op visite komen. Dan gaan ze de eerste tien minuten beleefd op de bank zitten. Dat vind ik vreselijk. Ik zou het liefst zien dat ze binnen komen rennen alsof het hun huis is, maar hoe ik ook mijn best doe, zo voelen ze dat toch niet. Daarvoor zijn ze hier domweg te weinig. Mijn ex en ik hadden wel afgesproken dat we de kinderen fiftyfifty zouden nemen, maar nog geen drie maanden na de scheiding besloot ze anders.'

Dennis zucht en laat een lange stilte vallen. 'Vóór mijn scheiding was het me al opgevallen dat vrouwen patent lijken te hebben op de kinderen, en mannen op de financiën. Maar nu ik gescheiden ben merk ik pas hoe schrijnend dat is. Het bedrijfsleven, het onderwijs, de overheid: alles wat met kinderen te maken heeft richt zich op moeders als het de zorg betreft, en op vaders wat betreft de financiën. Een vader is vooral kostwinner of alimentatieverstrekker en oppas. Natuurlijk betaal ik met alle liefde alimentatie voor mijn kinderen, maar ik zou ook graag serieus genomen willen worden als verzorger van mijn kinderen. In het bedrijfsleven en vaak ook in het gezin is de vader secundair; je krijgt heel weinig ruimte. Zeker na de scheiding voelde ik mij volkomen buitengesloten. Ik werd niet uitgenodigd voor de tienminutengesprekken op school. Ze geven alle informatie vrij argeloos door aan de moeder en als die geen contact met de vader opneemt, wordt hij doorgaans vergeten. Familie en vrienden kun je daar nog wel op wijzen, maar dat overheidsinstanties en onderwijsinstellingen vaders structureel als kostwinner en oppas behandelen, vind ik echt schandalig.'

Als ik opmerk dat vaders doorgaans toch ook de kostwinner zijn terwijl vrouwen meer zorgen, reageert Dennis somber. 'Ja, vaak worden de rollen tijdens het huwelijk onbewust verdeeld zoals het op dat moment volgens beide partijen het beste lijkt. Vader blijft inderdaad vaak fulltime werken. Hij verdient waarschijnlijk meer, en zij kan makkelijker parttime werken. Zij zorgt dus voor de kinderen. Hij zorgt ook wel, maar vooral voor het geld. Bij een echtscheiding kan zo'n keuze voor beide partijen heel nadelig uitpakken. Het meest bekend is natuurlijk de armoedeval van vrouwen, maar je hoort zelden dat een vader zijn recht op de kinderen heeft verloren. Bij scheiding worden de kinderen bijna automatisch aan de moeder toegewezen; zij zorgde toch het meest voor hen en de vader was toch altijd aan het werk? Of ze willen of niet, ook na de scheiding moet híj voor het geld zorgen en zíj voor de kinderen. Daar mag best wat meer bekendheid aan worden gegeven. Het is ook daarom van groot belang dat mannen en vrouwen gelijk betaald worden. Als beide ouders evenveel zouden verdienen, kan er een eerlijker keuze worden gemaakt. En misschien worden vaders na de scheiding dan wat serieuzer genomen, terwijl moeders niet in armoede hoeven te vervallen.'

Een ander onbekend nadeel voor vaders bij echtscheiding is de urgentie voor huisvesting. Als moeders het echtelijk huis verlaten, krijgen zij een urgentie voor een eengezinswoning. Mannen die het huis verlaten, hebben daar meestal geen recht op. Het komt vaak voor dat een rechter de voogdij automatisch aan de vrouw geeft omdat de man geen geschikte woonruimte heeft. Daarom heeft Dennis er in Amersfoort voor gestreden dat ook mannen die het huis verlaten recht krijgen op een urgentie voor een eengezinswoning. 'Dat is uiteindelijk gelukt, maar bij mijn weten alleen hier in Amersfoort.'

Ik hoor wel dat Dennis zich er echt kwaad om heeft gemaakt, maar nu klinkt hij toch eerder moedeloos en gelaten. Alsof hij de hoop dat zijn visie ooit serieus wordt genomen, heeft opgegeven. Als ik hem vraag of hij ook in zijn huidige werk merkt dat vaders worden vergeten, haalt hij een wenkbrauw op en zegt dan schamper: 'Voortdurend. De moeder meldt het kind aan, vertelt dat ze gescheiden is en vervolgens is het heel gebruikelijk dat de gegevens van de vader niet eens meer worden gevraagd. Als er een dossier is over een vader of ouder die zich misdraagt, is dat natuurlijk een ander verhaal, maar ook daar wordt niet naar gevraagd. Met als gevolg dat alle informatie die de opvang verstrekt alleen naar de moeder gaat. Ik heb laatst uitgezocht dat er bij de opvang waar ik werk wel zeventien kinderen zijn van wie de gegevens van de vader zonder opgaaf van redenen onbekend zijn. Toen ik de leiding ernaar vroeg, wist die ook niet waarom. Dat vind ik onbegrijpelijk. Als ik een intakegesprek houd, dan neem ik daar geen genoegen mee. Toch merk ik dat vooral de jonge vrouwen die in de opvang werken, gewoon niet door durven vragen als een moeder aangeeft dat de vader "op afstand is". Het zou daarom wettelijk geregeld moeten worden dat beide ouders bij het intakegesprek aanwezig moeten zijn, tenzij het gezin bekend is bij Bureau Jeugdzorg. Bovendien moet er meer aan diversiteitsbeleid in de opvang en het onderwijs worden gedaan. Ik stel bijvoorbeeld heel andere vragen aan de leiding en de ouders en ik ga anders met de kinderen om dan een jonge meid van tweeëntwintig of een vrouw vanzestig jaar.'

Gepassioneerd gaat Dennis verder: 'Een baan in het onderwijs en de opvang verdient zo weinig dat er vooral jonge vrouwen werken, terwijl het voor ouders en kinderen van groot belang is dat er jongeren én ouderen, mannen én vrouwen in de opvang werken. Maar om meer diversiteit in de opvang te krijgen moeten het imago, de cultuur en het loon wel worden verbeterd. Op de lerarenopleiding heerst een zeer dominante vrouwencultuur. Van de paar jongens met wie ik de opleiding begon, heeft er vrijwel geen het eind gehaald omdat ze zich er niet thuis voelden. Dat was voor mij juist reden om het wél te blijven doen en de manonvriendelijkheid waar ik maar kon aan te kaarten. Bij de opvang waar ik nu werk, zit die manonvriendelijkheid heel diep ingesleten. Zo kregen alle medewerkers laatst een roze T-shirt met daarop de tekst IK BEN EEN WERELDLEIDSTER. "Leidster" is de standaardterm, terwijl al bijna twee jaar geleden officieel door het ministerie van OCW is vastgesteld dat we "pedagogisch medewerkers" heten. Dat vind ik jammer want er zijn al zo weinig mannen die "leidster" willen worden, terwijl ik dagelijks zie hoe belangrijk het voor kinderen is om ook wat mannelijke medewerkers om zich heen te hebben.'

Plotseling komt er kleur op Dennis' wangen. 'Laatst was er een groepje jongens aan het voetballen op de opvang. Een van hen tackelt een ander, dat hoort een beetje bij het spel, maar de "leidster" die er net als ik naar stond te kijken, legde het spel stil en begon een kringgesprek over het feit dat we elkaar niet mogen schoppen. Toen heb ik ingegrepen. Jongens spelen vaak ruw met elkaar, maar van de hele dag stil zitten puzzelen, wat veel "leidsters" het liefst zien, krijg je vaak buitengewoon gefrustreerde jongens. Soms begrijp ik wel waarom het aantal jongens met gedragsstoornissen zo toeneemt. De verhoudingen groeien enorm scheef in het onderwijs, maar hoe minder mannen er werken, hoe minder het opvalt.'

Dennis' ogen glinsteren. 'Ik geloof niet dat mannen en vrouwen gelijk zijn. Ik geloof dat ze elkaar aanvullen. Daarom was ik ook zo blij toen ik jouw stukje in *De Pers* las. Het feminisme is heel goed geweest. Het streed voor vrouwenbelangen en dat was nodig, want dat een vrouw nog niet zo lang geleden handelingsonbekwaam werd als ze trouwde, is werkelijk te gek voor woorden. Maar inmiddels zijn we aangekomen in een tijd waarin we moeten strijden voor het belang van vrouwen én mannen. Iedereen roept dat we gelijkwaardig zijn, maar de wetten en regels zijn nog niet aangepast aan de hedendaagse wensen en behoeften van mannen en vrouwen. Ik geloof dat mannen wel degelijk meer willen zorgen en daar even goed in zijn als vrouwen; zij krijgen daar echter te weinig gelegenheid voor. Ook het idee voor het uitbreiden van het vaderverlof sprak mij enorm aan. Het zou een belangrijke bijdrage kunnen leveren aan de erkenning van vaders als opvoeders en zorgdragers. Ik ben erg voor gelijkwaardig ouderschap waarin beide partners zich kunnen ontplooien. En ik ben er ook voor dat de rechten en plichten van beide ouders bij wet eerlijker worden verdeeld, zowel in het werk als in de opvoeding. Ik heb het altijd zonde gevonden als vrouwen thuiszitten en vaders op hun werk terwijl ze allebei een rol van betekenis willen spelen zowel op de werkvloer als in de opvoeding van hun kinderen.'

Nu de overheid vrouwen oproept om meer te gaan werken, zal er volgens Dennis wel wat móéten veranderen. Of het uit de lengte of uit de breedte komt, er zal voor de kinderen gezorgd moeten worden. 'Wanneer er tegelijkertijd bezuinigd wordt op de opvang, weet ik wel op wiens schouders die last neerkomt. Niet op die van mannen. Gek genoeg wordt parttime werken door mannen en vrouwen ook niet als oplossing gezien. De overheid wil dat mannen fulltime blijven werken, en vrouwen liefst ook. Dat veroorzaakt zoveel stress. Ik zie dat op mijn werk. Ouders komen bezweet binnenrennen, zich verontschuldigend dat ze tien minuten te laat zijn. Bij het halen worden de kinderen gehaast in hun jassen gehesen en dan begint voor die ouders de tweede shift. Ik pleit er op mijn werk voor dat de openingstijden worden verruimd, maar daar wil het bestuur niets van weten.

Ik ben erg voor buitenschoolse opvang. Veel kinderen hebben er echt profijt van, maar ik zie ook dat vijf dagen vaak gewoon net te veel is. Kinderen komen mokkend binnen en vertellen dat ze naar papa en mama willen, dat ze vaker thuis zouden willen zijn. Meestal vergeten ze dat na verloop van tijd wel weer omdat we er alles aan doen om het de kinderen naar de zin te maken, maar soms heb ik echt medelijden met ze. Vooral als die ouders ook nog heel gestrest binnen komen rennen. Dan denk ik echt dat het zo niet zou moeten, ouders hebben het gewoon te druk. Daarom schreef ik je ook naar aanleiding van het artikel in *De Pers*. Het wordt tijd dat het niet alleen meer over het vrouwenbelang gaat, maar ook over het mannenbelang en het gezinsbelang.'

Als ik op mijn horloge kijk, merk ik dat ik vijf uur lang ademloos naar Dennis heb geluisterd. Mijn glas water is nog vol en mijn trein allang vertrokken. Al zou ik nog uren naar hem kunnen luisteren omdat hij vol zit met voorbeelden van de scheve werkelijkheid, ik moet gaan. In de hal beloof ik dat ik hem, waar ik kan, een podium zal bieden om dit verhaal te vertellen. Maar als een journalist van *Opzij* mij in de trein terugbelt voor een interview en na afloop vraagt of ik nog vaders weet die actief zorgen, wil ze toch de contactgegevens van Dennis niet noteren. Ze zoekt een man die zegt te willen zorgen maar het eigenlijk niet doet. Ze wil liever een voorbeeld dat het door velen zo gekoesterde beeld van mannen die niet willen en niet kunnen zorgen, bevestigt dan een voorbeeld dat het tegendeel laat zien. Ik voel net zo'n teleurgestelde gelatenheid over me heen komen als ik bij Dennis heb gezien. We hebben nog een lange weg te gaan.

JUDITH PLOEGMAN

'Het lijkt me verschrikkelijk om je opgesloten te voelen in je eigen leven'

Judith Ploegman (31) ontmoette ik een jaar of twee geleden voor het eerst. Zij is voorzitter van FNV Jong, en we komen elkaar regelmatig tegen op bijeenkomsten waar zij, net als ik voor het Alternatief voor Vakbond, als vertegenwoordiger van werkende jongeren is uitgenodigd om te spreken. Met haar voer ik een aantal diepgaande gesprekken over de vraag hoe zij de emancipatie van de nieuwe generatie ziet. Kloppen mijn vermoedens, herkent zij die ook als FNV Jong-voorzitter, en hoe staat het met de rolverdeling in haar leven? Judith is een vrolijke, van energie bruisende vrouw, die bepaald niet op haar mondje is gevallen en weet wat jongeren willen.

Met Judith raak ik een jaar terug pas echt aan de praat op een winderig perron in Utrecht, na afloop van een bijeenkomst van de Raad voor de Volksgezondheid en Zorg. Daar hadden we met een aantal vertegenwoordigers van jongerenorganisaties en politieke partijen gesproken over het onderwerp uitstel van ouderschap. Het lijkt een gegeven dat jongeren het krijgen van kinderen steeds verder voor zich uit schuiven en de Raad probeerde te achterhalen waarom. Judith was op dat moment drie maanden zwanger en zowel op de bijeenkomst als in de trein terug naar Amsterdam vertelde zij heel open over haar angsten, vooroordelen en verlangens, en over haar gereformeerde afkomst.

Ze kon wel begrijpen waarom jongeren het krijgen van kinderen uitstellen, zeker ambitieuze vrouwen, vertelde Judith. 'Kinderen worden nog steeds tot een "vrouwenprobleem" gemaakt. Zeker op de arbeidsmarkt. Er wordt soms over kinderen gesproken alsof het over een ziekte gaat, een typische vrouwenziekte! Toen ik onverwacht zwanger raakte, was ik ook bang dat ik mijn carrière kon vergeten. Natuurlijk was ik heel blij om moeder te worden, maar ik kreeg ook een enorme paniekaanval. Het lijkt mij verschrikkelijk om je opgesloten te voelen in je eigen leven en dat zie ik vaak gebeuren. Moeders krijgen de zorgverantwoordelijkheid na de bevalling letterlijk in hun armen gelegd, terwijl mannen snel weer aan het werk moeten. Zij worden opgezadeld met de financiële verantwoordelijkheid voor het gezin. Gelukkig bleek die angst in mijn geval onterecht. Mijn vriend Gijs liet mij meteen weten dat hij de zorg voor ons kind wilde delen. Niet omdat ik dat zo graag zie, maar omdat hijzelf een vader voor zijn kind wil zijn en zijn kind wil zien opgroeien. Dat zie ik bij heel veel jongeren: ze willen de zorg en het werk delen en het liefst met twee grote deeltijdbanen. Toch was ik dat bijna vergeten. Mannen worden in de media en door de overheid alsmaar afgeschilderd als hopeloos onwillige wezens. Ze zouden niet voor kinderen willen zorgen en het ook niet kunnen. Daar kan ik me echt over opwinden want dat herken ik totaal niet in mijn omgeving. De mannen van mijn generatie zijn zoveel meer geëmancipeerd. Die willen maar wat graag en ze kunnen het zeker zo goed.'

Als Judith praat, komt het uit haar tenen. Haar wangen gloeien en je kunt haar strijdlust voelen. 'Vooral de overheid blijft mannen maar opzadelen met de financiële verantwoordelijkheid en vrouwen in uitzonderingsposities plaatsen. Zeker als het om de zorg voor kinderen gaat. Vrouwen worden als kwetsbaar gezien en moeten samen met hun kinderen in bescherming worden genomen. Maar dat verzwakt hun positie op de arbeidsmarkt ten opzichte van mannen juist; werkgevers willen vrouwen op die manier nog minder graag in dienst nemen. In elk geval niet in serieuze functies. Dat werkt ongelijkheid en uitstel van ouderschap in de hand, terwijl je de zorgbehoefte van moderne mannen volkomen negeert.'

Aanvankelijk dacht ik dat Judith en ik elkaars tegenstanders waren. Als bestuurslid van het Alternatief voor Vakbond heb ik de FNV in debatten verschillende keren verweten niet op te komen voor de belangen van werkende jongeren en jonge gezinnen. Maar als de microfoons uit zijn, blijken Judith en ik het vaak roerend met elkaar eens over wat er moet gebeuren voor deze doelgroepen, en wat eraan ontbreekt. Wat ons betreft moet er geen speciaal vrouwenbeleid komen, maar een beleid dat zich op werkende ouders richt. Zowel moeders, vaders als jongeren willen meer halen uit het leven dan alleen werk of zorg. En met die opvatting blijkt ook Judith een luis in de pels van de gevestigde orde, zowel binnen als buiten haar vakbond.

Zij doet enorm haar best om voor de belangen van werkende jongeren en jonge gezinnen op te komen, maar ze vraagt zich af hoe serieus jongeren in de besluitvorming echt worden genomen. We moeten soms moeite doen om niet oververhit te raken als we het hebben over hoe sterk de ideeën van de meeste 'grijze blanke heren' en een enkele dame verschillen van de ideeën en wensen van onze generatie, en hoe weinig ze zich daaraan gelegen laten liggen. Maar omdat mijn ideeën over de wensen en verlangens van de nieuwe generatie vooral op gezond verstand met een vleugje onderbuikgevoel gebaseerd zijn, vraag ik Judith om nog een afspraak. Tijdens die ontmoeting wil ik haar spreken als voorzitter van FNV Jong, de vakbond die onderzoek doet naar de wensen en verlangens van jongeren.

Wat verlaat komt Judith aan gesjeesd en dat tempo houdt ze er goed in. Wanneer ik haar vraag te vertellen wie zij is en waar zij vandaan komt, blijkt duidelijk dat ze interviews gewend is. Geroutineerd steekt ze van wal. 'Ik ben de dochter van een timmerman en een huisvrouw en ik ben samen met mijn zes broers en zussen opgegroeid in het gereformeerde Daarlerveen, een heel klein dorpje onder de rook van Twente waar nauwelijks iets te doen is.' Na de mavo is Judith naar het mbo gegaan, daarna naar het hbo en tijdens haar studie filosofie is ze voorzitter van FNV Jong geworden.

Judith lacht als ik haar vraag of haar ouders trots waren toen ze op haar 29ste voorzitter van een vakbond werd en lid van de Sociaal Economische Raad. 'Ze wilden eigenlijk vooral weten of ik mijn studie wel ging afronden. Mijn ouders hebben nog zes kinderen van wie er een het downsyndroom heeft. Zelfredzaamheid is voor hen het allerbelangrijkste. Verder leven zij volgens het motto: doe maar gewoon, dan doe je al gek genoeg.'

En, gaat dat 'gewoon doen' haar goed af? 'Ha ha, nou nee, niet echt. Al van kinds af aan viel ik op. Ik ben heel nieuwsgierig en ik houd ervan om in debat te gaan. Ik lag tijdens catechisatie al regelmatig in de clinch met de dominee. Dan wilde ik tekst en uitleg over dingen die ik niet begreep. Dat kapte de dominee altijd heel snel af. Die was er niet aan gewend dat mensen met hem in discussie gingen, en zeker geen meisjes van twaalf. Ik had veel moeite met de positie van vrouwen binnen de kerk. Als ik iets aan de dominee vroeg, mocht dat niet omdat ik een vrouw ben. Waarom een man wel en ik niet? Het antwoord "omdat het zo hoort" of "gewoon omdat het zo is" was voor mij niet genoeg. Ik blijf me afvragen waarom dingen zo zijn, wie dat bepaalt en waarom ik niet kan bepalen dat het anders moet.'

Het is duidelijk dat Judith een enorme drive heeft om maatschappelijk betrokken te zijn en het maximale uit zichzelf te halen. Het liefst bemoeit ze zich overal tegenaan. 'Tijdens mijn studie ben ik lid van de studentenbond geworden en zo in het vakbondsleven gerold. Daar heb ik Gijs leren kennen. Gijs werkte bij de onderwijsbond en studeerde sociologie. Ook hij neemt geen genoegen met antwoorden als "omdat het zo is of hoort". We discussieerden wat af, heel diepe gesprekken over van alles en nog wat, maar nooit over kinderen. Dat onderwerp kwam pas aan de orde toen we besloten om samen een huis te kopen. We moesten ineens een samenlevingscontract afsluiten en kregen het over onze rolverdeling nu en in de toekomst. We hebben toen besloten financieel onafhankelijk van elkaar te blijven. Gijs is de zoon van een feminist die actief was in de vrouwenbeweging. Hij is alleen door zijn moeder opgevoed, een heel geëmancipeerde opvoeding. Eigenlijk is hij geëmancipeerder dan ik. Hij staat los van maatschappelijke belemmeringen of conventies. Terwijl ik, toen ik na de aankoop van ons huis plotseling zwanger bleek te zijn, door Gijs moest worden overtuigd van het feit dat mijn carrière niet voorbij hoefde te zijn. Ik was er automatisch van uitgegaan dat hij wel fulltime zou blijven werken, terwijl hij het juist vanzelfsprekend vond om net zo goed als ik voor ons kind en het huishouden te zorgen.'

Judith haalt diep adem als ik haar vraag hoe de rollen op dat moment verdeeld zijn. Ze spreekt nu bijna twee keer zo snel. 'Sam is inmiddels bijna een jaar, en Gijs en ik werken allebei vier dagen in de week en hebben één zorgdag. In tegenstelling tot de boze geluiden die je vaak hoort over mannen, lost Gijs de belofte die hij mij maakte toen ik zwanger was ook in. Wij verdelen de zorg zo veel mogelijk fiftyfifty. Sam gaat drie dagen per week naar de crèche, en als hij ziek wordt, bellen ze ons allebei. We overleggen meestal vooraf wiens beurt het is en maken daar goede afspraken over, zodat we niet voor frustrerende verrassingen komen te staan. Het leidt alleen wel eens tot discussies als Sam 's ochtends ziek blijkt te zijn en een van ons onverwacht thuis moet blijven. Op zo'n moment leggen we de agenda's naast elkaar en kijken we wie de meeste afspraken heeft.'

Omdat Judith en Gijs meestal meer dan 32 uur werken, ook vaak 's avonds en in het weekend, moeten ze goed met elkaar overleggen en dat lijkt mij een enorm gedoe. Judith: 'Dat is ook wel eens een gedoe, maar we hebben het er zeker voor over. We zijn alle twee heel ambitieus en we gunnen elkaar een hoop. Bovendien kennen de collega's van mijn vriend me. Ze weten dat we allebei een drukke baan hebben, en brengen daar begrip voor op. Maar ik hoor vaak anders. Vrouwen krijgen dan de vraag wat ze voor de kinderen hebben geregeld als ze zoveel werken, en mannen krijgen juist de vraag waarom hun vrouw de kinderen niet haalt als ze om vijf uur vertrekken.

Het werk dat Gijs en ik doen, vraagt veel flexibiliteit, we moeten snel op actualiteiten kunnen reageren en anticiperen. Met een kind ben je niet meer zo flexibel. Om dat op te vangen zouden we graag de mogelijkheid hebben om ons kind ook op een andere dag dan de normale naar de opvang te brengen. Het liefst zou ik het rooster op de crèche van week tot week of van maand tot maand kunnen plannen, zodat het beter op ons werkschema aansluit.'

Ik krijg het alleen al benauwd als ik naar de enorme organisatiedruk van Judith en Gijs lúíster, maar Judith heeft daar helemaal geen last van. 'Gijs en ik worden het gelukkigst van een eerlijke verdeling van werk en zorgtaken. Het is misschien niet altijd even rustig, maar daar zijn wij de types ook niet voor. Wij hebben juist behoefte aan de prikkels die beide rollen opleveren.'

Als voorzitter van FNV Jong herkent Judith mijn idee dat steeds meer jongeren werk en zorgtaken eerlijker willen verdelen. 'Hoewel het tegendeel vaak wordt beweerd, willen mannen wel degelijk meer zorgen. Dat blijkt ook uit een onderzoek dat de FNV niet zo lang geleden heeft gehouden. Maar liefst 65 procent van de mannen gaf aan minder te willen werken om meer energie in hun gezin te kunnen steken. Dat is echt een enorm aantal. Daarom vind ik dat het makkelijker moet worden voor mannen en vrouwen om allebei in grote deeltijdbanen te werken in plaats van beiden fulltime of alleen de man. Mannen kunnen dan serieus vaderen, en de kinderen worden minder tot "vrouwenprobleem" gemaakt. Want zolang vaders maar twee dagen betaald verlof krijgen op het moment dat hun kind geboren wordt, en alleen moeders de spoedcursus babyverzorging van de kraamhulp krijgen, wordt de zorg voor kinderen ook tot een vrouwenprobleem gemáákt.'

Judith bestelt tussendoor een glas water en drinkt het met grote teugen leeg. 'Het hóéft helemaal geen vrouwenprobleem te zijn. Zeker niet nu het tot steeds meer bedrijven doordringt dat beide ouders werk en zorg willen combineren. Google en Bugaboo zijn zulke gezinsvriendelijke bedrijven waar je hard en flexibel kunt werken zonder dat het de zorg voor je kinderen in de weg staat. Er moeten natuurlijk veel meer van dat soort bedrijven komen. Bugaboo is bovendien ook op een ander terrein van deze tijd: het ontwikkelde de eerste vadervriendelijke kinderwagen.'

Ik ben ook ooit onder de indruk geraakt van Bugaboo en zijn ontwerper, Max Barenbrug. Max debuteerde van de Eindhovense Design Academy zo op de wereldmarkt met een kinderwagen die niet alleen kindvriendelijk maar ook vadervriendelijk is. Max ontwierp de kinderwagen toen hij nog geen kinderen had, maar hij bedacht wel dat hij, mocht hij ze later krijgen, niet achter zo'n zachtroze wagen met beertjes en bloemenhemeltjes wilde lopen. Bij het ontwerp van zijn kinderwagen heeft hij er vooral op gelet dat het een beetje een stoere wagen werd waarmee mannen zich ook kunnen vertonen, en dat is gelukt. Door het hele land zie ik vaders trots achter die kinderwagen lopen.

Het ergert Judith dat bijna alles wat met kinderen te maken heeft, op moeders is gericht. 'De babybladen, reclames, het design van kinderspullen, noem maar op. Het wordt echt hoog tijd dat de commercie, net als Bugaboo, doorkrijgt dat ook de vader voor de kinderen zorgt en ermee voor de dag wil komen. Ze mogen de roze beertjes op de luiers best wat stoerder maken en meer rekening houden met de opkomende vader als klant.'

Nu lijkt Judith echt boos te worden. 'En dat is dan nog maar de onoplettendheid van de commercie. Erger vind ik het feit dat vrouwen ook op de arbeidsmarkt vrijwel direct aan de zorg voor kinderen worden gekoppeld, terwijl mannen ook kinderen hebben. Die kinderen zijn misschien soms "hinderen", maar ook een bron van genot voor vrouwen én mannen. Net als vrouwen moeten leren onderhandelen met hun werkgever over salaris of een promotie, zo moeten mannen leren onderhandelen over meer vrije tijd. Mannen zijn vaak bang dat het hun carrière schaadt als zij minder gaan werken, terwijl dat lang niet altijd het geval hoeft te zijn. Er wordt ook vaak gezegd dat mannen wel zéggen meer te willen zorgen maar dat eigenlijk niet willen omdat ze de daad zo zelden bij het woord voegen. Vaak wordt vergeten dat het voor mannen maatschappelijk een stuk minder geaccepteerd is om in deeltijd te werken dan voor vrouwen.'

Met een frons voegt Judith eraan toe dat er daarom ook veel meer mannelijke rolmodellen moeten komen die een zorgdag hebben, zowel in hoge als in lage functies. Ze knikt guitig als ik zeg dat het mooi was geweest als Wouter Bos zijn papadag ook had gehouden toen hij minister van Financiën werd. Maar ze schatert als ik er zuchtend aan toevoeg dat hij sowieso een hopeloos geval is omdat hij tegenwoordig ook een stropdas draagt, de overloper.

Als ik Judith een paar weken later weer spreek, zal zij nog maar twee weken voorzitter van FNV Jong zijn. Ze wil haar studie weer oppakken en daarnaast is ze benoemd tot lid van de Taskforce Deeltijd Plus. Die Taskforce wil meer vrouwen aan het werk krijgen. De gemiddelde werkweek van vrouwen is 25 uur en die van mannen 37, en omdat vrouwen in Nederland minder uren werken dan in omringende landen, zal de Taskforce in opdracht van het kabinet bij bedrijven gaan onderzoeken welke mogelijkheden er zijn om dat aantal uren op te voeren. Judith is een van de vijf leden die zich daarvoor in gaan zetten.

Opnieuw zitten we samen in de trein terug naar Amsterdam. De Taskforce Deeltijd Plus is die middag in Den Haag gepresenteerd en voor de gelegenheid heb ik een notitie geschreven met vijftien interviews. In die interviews vertellen mannen wat zij denken dat nodig is om de arbeidsdeelname van vrouwen te kunnen opvoeren. Daaruit lees ik Judith de volgende quotes voor:

> Natuurlijk zou ik ook af en toe aan willen schuiven als het eten klaar is en 'de kinderen zijn opgevoed'

maar die tijd is voorbij, en gelukkig maar. Ik denk dat afwisseling heel gezond is voor de kinderen, de werknemer en de werkgever. Al moet men niet vergeten dat, wanneer men beiden werkt, je na het werk ook je kind nog op moet halen, de boodschappen moet doen, moet koken en je kind naar bed moet brengen. Dat is best pittig, al is het zeker de moeite waard.

Wil je werkelijk dat vrouwen meer gaan werken, dan moet je ervoor zorgen dat mannen mínder gaan werken want, tenzij het leven zo duur wordt dat het niet anders kan, ik zie beide ouders niet snel vijf dagen werken. Beiden twee keer vier dagen is veel eerlijker voor ouders en kinderen.

De baas van mijn vriendin is een echte carrièrevrouw die mijn vriendin weinig ruimte geeft om iets minder te gaan werken. Mijn vriendin is behoorlijk ambitieus, maar heeft er nu wel behoefte aan om wat minder hard te werken, met een jong kind, een verbouwing en een verhuizing die energie vreten. Als haar baas moeilijk blijft doen, denkt ze er toch over om op zoek te gaan naar een andere baan, terwijl ze het werk erg leuk vindt. Haar probleem is gebrek aan flexibiliteit. Ik werk me gek, en met veel genoegen, maar dat komt ook omdat ik zelf mijn tijd in kan delen.

Judith reageert meteen laaiend enthousiast. Al is het laat

en zijn we allebei rozig van vermoeidheid, ze blijft onverminderd strijdlustig. 'Ik vind het heel belangrijk dat er niet alleen naar moeders wordt gekeken, zeker wanneer de zorg voor kinderen een reden is voor kleinere deeltijdbanen. Daarom zijn die interviews met mannen heel belangrijk. Dan krijgen de werkende en zorgende vaders een gezicht. Helemaal nu de precieze plannen van de Taskforce nog niet bekend zijn. Ik hoop dat die Taskforce ertoe kan bijdragen dat er ook wordt gekeken naar wat vaders nodig hebben om meer te gaan zorgen. Het is toch een prachtige uitdaging om erop aan te sturen dat de extra uren die mannen in hun gezin gaan steken, door vrouwen worden benut om meer te gaan werken? De Taskforce zou zich kunnen buigen over de vraag hoe het voor mannen en vrouwen makkelijker kan worden gemaakt om in deeltijd carrière te maken. Beschouw 32 uur ook als een fulltimebaan, bijvoorbeeld. En maak banen waar dat mogelijk is, flexibeler. Minder op kantoor betekent allang niet meer dat iemand minder ambities heeft, minder werkt en minder loyaal is. Onderzoek wijst zelfs het tegendeel uit.'

Tot nu toe ging de aandacht vooral naar de vraag hoe we konden bevorderen dat vrouwen meer gaan werken, maar soms vraag ik me af óf vrouwen wel meer willen werken. Judith zegt van wel. 'De praktijk leert dat het vaak heel moeilijk is om de uren die mensen inleveren, er weer bij te krijgen. Wanneer vrouwen aangeven dat ze meer uren willen werken en meer verantwoordelijkheden willen, zouden werkgevers veel sneller kunnen reageren dan ze nu doen. Het is ook belangrijk om vrouwen te wijzen op andere mogelijkheden dan het inleveren van contracturen, terwijl werkgevers op een krapper wordende arbeidsmarkt gestimuleerd kunnen worden meer aandacht te besteden aan het verbeteren van arbeidsmogelijkheden voor ouders zoals flexibeler werktijden of de mogelijkheid tot thuiswerken. Ook de overheid kan daaraan bijdragen. Waar blijkt dat het overheidsbeleid belemmerend werkt, zal de Taskforce dat zeker aankaarten als het aan mij ligt.'

In gedachten zie ik een kleine Judith in een gesprek met de dominee zich afvragen waarom zij niet kan bepalen dat het gewoon anders moet. Al moet ze door roeien en ruiten gaan, ik vermoed dat Judith haar stempel wel op het programma van de Taskforce zal drukken.

HULYA USLU

'Islamitisch feminisme biedt meer ruimte voor individuele wensen en verlangens'

Na afloop van een debat op Internationale Vrouwendag in Utrecht waarin ik het ouderwetse feminisme passé verklaar, word ik benaderd door een prachtige jonge vrouw die graag van mij wil weten hoe ik de emancipatie van mannen en vrouwen precies zie. Ze is op dat moment bezig om een groot symposium te organiseren over islamitisch feminisme, en volgens haar mogen ook daar geen mannen ontbreken. Islamitisch feminisme en strijd voor gelijke rechten, ongeacht je afkomst, achtergrond en sekse, is volgens haar iets waaraan mannen én vrouwen deel moeten nemen. Na afloop van ons korte gesprekje nodigt zij mij uit voor haar symposium, en maken we een afspraak voor een uitgebreider gesprek.

Hulya Uslu ontmoet ik in Utrecht. Ze is achtentwintig en heeft haar lerarenopleiding geschiedenis net afgerond. Ze geeft geschiedenis en het vak mens en maatschappij op een havo/vwo-school, en is kort daarvoor met haar masteropleiding begonnen. Acht jaar geleden verhuisde Hulya samen met haar moeder, twee zussen en een broertje vanuit een klein dorpje in Turkije naar Almelo. Haar vader woonde al sinds haar geboorte in Nederland, maar omdat haar moeder voor haar eigen invalide moeder moest zorgen, waren zij teruggekeerd. Op het moment dat het gezin eindelijk weer compleet was, bood Hulya's vader haar een verlovingsring aan met de mededeling dat hij een geschikte huwelijkskandidaat op het oog had. Hulya moest er niets van weten. Ze besloot naar Utrecht te verhuizen en aan een nieuw leven en een studie te beginnen. Toen Hulya een aantal maanden geleden haar diploma in ontvangst nam en aan haar vader gaf, vertelde ze hem dat zij dat diploma nooit zou hebben gehaald als zij naar hem geluisterd had. Haar vader accepteerde haar diploma en zei dat het hem speet haar te hebben verloofd met iemand die zij niet eens kende. Nu zij een wijze zelfstandige vrouw is, hoeft hij zich geen zorgen meer om haar te maken. Hij laat haar vrij.

Hulya is al zolang ze zich kan herinneren heel nieuwsgierig en eigenwijs. Ze wilde altijd deelnemen aan alle gesprekken en aan haar vragen kwam geen eind. Als ze te horen kreeg dat ze niet zoveel vragen mocht stellen omdat zij een meisje was, verlangde zij naar het moment dat ze een vrouw zou worden en wel vragen mocht stellen. Toen bleek dat ze ook als vrouw geen vragen mocht stellen maar vooral hoorde te luisteren en gehoorzaam moest zijn, ontpopte Hulya zich tot feminist. Op het terrasje waar we zitten, praat ze luid. Iedereen mag horen wat ze te zeggen heeft en wat ze zegt komt uit haar tenen. Al spreekt ze niet foutloos Nederlands, haar woordenschat is groot en elk woord dat ze nieuw leert, past ze in de volgende zin toe alsof ze nooit anders deed. Alles aan haar ademt leergierigheid.

Hoewel Hulya zelf seculier is, probeert ze het islamitische feminisme te verspreiden. Volgens Hulya is er binnen het islamitisch feminisme meer ruimte voor individuele wensen en verlangens. 'Het staat open voor de vraag hoe je kunt emanciperen zonder overboord te zetten wat voor jou belangrijk is. Het principe van het islamitische feminisme is dat elk individu zelf kritisch op zoek gaat naar de eigen waarheid. Zo kan het zich ontwikkelen van een gezichtloze figuur binnen een grote gemeenschap tot een individu dat zelf kan denken en eigen keuzes durft te maken. Bovendien sluit het islamitische feminisme goed aan bij de moslimvrouwen die graag met behoud van hun eigen cultuur en religie willen emanciperen.'

Hulya gaat komende maanden een stichting oprichten. Daarin nemen mannen en vrouwen, gelovigen en ongelovigen zitting met allemaal een andere achtergrond en cultuur, en allemaal hebben ze respect voor elkaar. 'Dat is wat mij het meest stoort aan het feminisme van seculiere vrouwen.

Zij hebben een heel stappenplan dat ik zou moeten volgen, maar ik, en velen met mij, kan me totaal niet in dat plan vinden. Volgens hen zou je alleen kunnen emanciperen als je bijvoorbeeld breekt met je geloof. Maar hoe kun je islamitische vrouwen nou helpen zich te ontplooien als je hun geloof belachelijk maakt? Bovendien zie ik niet in waarom dat nodig is. We hebben toch allemaal een velletje over onze neus? Een goede vriendin van mij noemt zich net als ik een "vrouwenrechtenactivist". Zij is gelovig en draagt een hoofddoek, ik niet. Toch strijden wij voor hetzelfde. Strijden voor de rechten van de mens kun je ongeacht je religie, sekse of cultuur, maar volgens sommige extreem seculiere feministen zou dat niet mogelijk zijn.

Ik herken de behoefte wel, hoor. Een aantal jaar geleden bleef ik maar tegen mijn moeder zeggen dat zij zich in mij moest verplaatsen. Ik wilde dat zij in één keer op mijn niveau zou komen en ik zag niet in dat dat onmogelijk voor haar was, simpel en alleen omdat zij gewoon nog niet op mijn niveau was. Ik maakte mijn moeder alleen maar angstiger. Pas toen ik me in haar begon te verplaatsen, kon ik met haar praten. Mijn moeder is een analfabete vrouw uit een heel klein dorpje. Zij vond het doodeng om haar kinderen los te laten in een land waarvan zij de taal en de gebruiken niet kende. Dan kun je roepen tegen haar wat je wilt, maar je kunt pas met haar praten als je haar gerust kunt stellen. En dat kan alleen als je haar angsten serieus neemt. Cisca Dresselhuys en vergelijkbare feministen over heel de wereld bedrijven een koloniaal soort feminisme. Ze willen alleen maar zeggen hoe het moet. Hun manier is de enige manier en ze zijn niet bereid om naar anderen te luisteren. Ik ben van mening dat je juist goed moet kijken en luisteren naar hoever mensen zijn in hun emancipatieproces. Van daaruit kun je hen pas met de volgende stap helpen.

Als ik naar "de Cisca Dresselhuyzen" had geluisterd, had ik met mijn familie moeten breken. Vrouwen als ik die dat niet hebben gedaan, wordt wel eens een gebrek aan strijdlust verweten. Dat vind ik kortzichtig. Ik heb me gek gestreden en zal dat blijven doen. Wat dacht je wat ik voor strijd heb moeten leveren om mijn vader ervan te overtuigen dat het beter is dat ik mijn diploma haal dan dat ik zijn verlovingsring accepteer! Hij hoopte mijn toekomst veilig te stellen door mij uit te huwelijken aan een goede huwelijkskandidaat. Mijn ouders wilden het beste voor mij en dachten dat dat het beste was. Ik heb ervoor gestreden om hun te laten zien dat er ook andere manieren zijn om mijn toekomst veilig te stellen. Daarmee heb ik bovendien de weg vrijgemaakt voor mijn zussen en broertje. Mijn ene zusje is student-assistent en mijn andere zus en broertje studeren respectievelijk tandheelkunde en medicijnen. Als ik met hen had gebroken, dan had ik niet bereikt wat ik nu wel bereikt heb: mijn vader en moeder zijn meegeëmancipeerd. Hun vertrouwen is toegenomen en daar hebben zij in hun eigen leven ook veel aan. Mijn moeder heeft intussen Turks en Nederlands leren lezen en schrijven.'

Hulya ziet er geen probleem in om met mensen van verschillende seksen, religies en culturen samen te strijden voor gelijke rechten. 'Ik heb een krachtige identiteit waar ik achter sta, ik ben niet voor niets seculier, maar wil je mensen verenigen om samen te vechten voor de rechten van mensen, dan moet je in staat zijn om verder te kijken dan je eigen kringetje en de stappen die voor jou hebben gewerkt. Ik hoop dat met de stichting te bereiken, en ik herkende dat in jouw pleidooi op Internationale Vrouwendag. Het wordt tijd om mensen te verenigen in plaats van de verschillen te blijven benadrukken. Bovendien zie je bij de tweedegolffeministen dat zij de problemen buiten zichzelf zoeken, terwijl deze generatie de schuld bij zichzelf legt. Je kunt natuurlijk niet generaliseren, maar het lijkt me beide heel ongezond. Het wordt de hoogste tijd om daar een balans in te vinden.'

Ze kijkt dromerig in de verte als ik haar vraag wat haar eigen identiteit dan is en wat zij zelf van het leven wil. 'Ik wil heel graag iets voor de islamitische vrouwen betekenen. Ik ben begonnen met mijn eigen emancipatie, daarna met de emancipatie van mijn familie en nu ben ik landelijk voor de emancipatie van andere vrouwen en mannen bezig. Ik ga in mijn leven voor dit ideaal heel hard werken. Daarnaast droom ik ervan een kind te krijgen. In mijn fantasie zie ik lachende kinderen rondrennen in een grote tuin met lange waslijnen en wapperende frisse was. Van die gedachte word ik compleet gelukkig terwijl ik me dat kortgeleden niet had kunnen voorstellen.'

Maar aangezien de zachtaardige man die zij nodig heeft om die fantasie te verwezenlijken zich nog niet heeft gemeld, blijft het voorlopig bij dagdromen. De naam 'Hulya' staat voor 'dromen', en daar is ze heel goed in, maar tegelijk wil ze die dromen verwezenlijken. 'Ik wil weer een eigen invulling aan het feminisme geven. De Cisca's denken dat het feminisme van hen is. De tweedegolffeministen hebben uiteraard heel veel bereikt, maar hun visie is niet meer bruikbaar. Want de nieuwe generatie mannen en vrouwen denkt en leeft heel anders dan de mensen uit de jaren zestig en zeventig. Ik wil me een feminisme toe-eigenen dat beter bij onze generatie past. Pas als je de patronen van hoe het hoort en moet, afwerpt, kun je bruggen gaan bouwen. Deze nieuwe generatie heeft de kracht om die bruggen te bouwen, maar nog te weinig zelfvertrouwen. Ze willen van alles en nog wat, maar ze hebben hun krachten nog niet gebundeld en de koers nog niet bepaald. Daar hebben ze een kleine duw bij nodig. Geef je ze die, dan geloof ik wel dat het enthousiasme en de vechtlust er is.'

Toch zie ik vaak dat vrouwen die zich inzetten voor emancipatie, dat doen met een klein deelthema en dat ze anderen met een ander thema weinig serieus kunnen nemen, soms zelfs weghonen. Als het over de arbeiden-zorgverdeling gaat, zijn er altijd wel feministen die opmerken dat dit vergeleken met vrouwenbesnijdenis gezeur over de afwas is. En of je met een hoofddoek wel of niet kunt emanciperen, is een felle discussie die voor verdeeldheid zorgt. Hulya denkt dat dat een kwestie van onzekerheid is. 'Geef het nog wat tijd, zodat de overeenkomsten gevonden worden. Dan zal ook het wel of niet dragen van een hoofddoek minder relevant worden. Uiteindelijk willen we toch allemaal zelfbeschikkingsrecht? Met mijn stichting hoop ik de basiselementen die daarvoor nodig zijn, te benoemen en te laten zien waarin onze behoeften overeenkomen in plaats van waarin ze verschillen. Natuurlijk hebben we ook allemaal onze eigen thema's en lijkt de discussie wie er thuis de afwas doet te vervagen bij problemen als eerwraak of vrouwenbesnijdenis, maar uiteindelijk gaat het allemaal over bevrijding en zelfbeschikkingsrecht. Kun je dat inzien, dan is de weg vrij om daar met zijn allen voor te strijden.'

Hulya heeft ook haar eigen deelthema: zij wil onder andere de maagdenvliesmythe doorbreken. 'Moslima's hebben het van twee kanten moeilijk. Aan de ene kant worden ze gebombardeerd door niet-onderbouwde kritiek van seculiere mannen en vrouwen die beweren dat zij en hun geloof achterlijk zouden zijn; en aan de andere kant worden ze van orthodoxe zijde in de greep gehouden met slecht onderbouwde argumenten als de maagdenvliesmythe. Ze worden daardoor in de verdediging geduwd en lijden onder dat maagdenvlies dat niet eens bestaat; en dat gaat ten koste van hun strijd om zich te emanciperen. Daardoor vinden zij vaak weinig ruimte voor zelfreflectie en een kritische blik op hun eigen geloof en op hun positie in de samenleving. Je bevordert emancipatie niet door iedereen hetzelfde einddoel op te leggen. Dat is in strijd met het idee dat het gaat om vrije keuze en zelfbeschikkingsrecht. Je begint dus bij waar de vrouwen zélf zijn.'

Het idee om mannen en vrouwen bij de emancipatiestrijd te betrekken ontstond toen Hulya twee jaar geleden ontdekte dat haar moeder en zij feitelijk dezelfde dromen hadden, en dat ook haar broertje en vader op zoek waren naar een manier om met traditionele verwachtingen om te gaan. Alleen de kleur van hun dromen verschilde. 'Mijn broertje vertelde dat hij ook niet goed raad wist met de rolpatronen waartegen ik me verzet. En mijn vader zei spijt te hebben van zijn eerdere traditionele opvattingen. Het uithuwelijken van zijn dochter lag in de lijn der verwachtingen, maar nu hij beter weet, heeft hij er spijt van. Op dat moment drong het tot mij door dat gelovige en ongelovige vrouwen en mannen allemaal vastzitten in rolpatronen die niet meer passen bij hun hedendaagse behoefte. Geef elkaar wat meer tijd en ruimte, en wijs anders zijn niet meteen af. Je moet ervoor waken dat je niet alle deuren tegelijkertijd openzet. We willen nu vaak alles kunnen, en moeten dat dan ook meteen. Het lijkt wel of we daar een religie van hebben gemaakt. We creëren nieuwe geboden en dogma's. Dat komt doordat de nieuwe generatie zoveel vrijheid heeft terwijl ze nog niet heeft geleerd om selectief en bewust met die vrijheid om te gaan. We weten nog niet goed welke deuren we ook best nog even gesloten mogen laten. Deze generatie kan zoveel, maar vergeet zich af te vragen of ze ook wil wat zij kan. Dat is wat ik met mijn strijd hoop te bereiken: durf vragen te stellen en vraagtekens te zetten bij die dingen die vanzelfsprekend lijken, durf selectief te zijn.'

Onder de indruk neem ik afscheid van deze strijdlustige jonge vrouw. Omdat Hulya en ik op onze eigen manier toch hetzelfde proberen te bereiken, ga ik ervan uit dat wij elkaar spoedig weer tegen zullen komen.

CAMILLE FABER EN TOSSA HARDING

'We werden meteen voor feminist uitgemaakt'

Beste Women Inc.,

Wij, Tossa Harding en Camille Faber, zitten op dit moment in het eindexamenjaar van het Barlaeus Gymnasium in Amsterdam en we maken voor ons eindexamenproject een documentaire over het feminisme. Hierin willen wij ons vooral richten op de positie van de vrouw in de huidige Nederlandse maatschappij, en op de algemene mening over het feminisme en de seksualisering van de samenleving. Wij zouden graag een interview willen houden met een jonge feministe die nu bezig is met vrouwenemancipatie. Wij vroegen ons af of u ons misschien in contact zou kunnen brengen met een vrouw van bijvoorbeeld Women Inc. die geïnteresseerd zou zijn in een gesprek met ons. Wij zouden bijvoorbeeld aan haar willen vragen wat haar grootste zorg is voor de Nederlandse vrouw, wat er op dit moment eigenlijk gebeurt op het gebied van vrouwenemancipatie in Nederland, of het tijd is voor een derde golf en wat zij vindt van de seksualisering van de samenleving en de rol van de media hierin.

Hartelijk dank en met vriendelijke groeten,
Camille Faber en Tossa Harding

Omdat ik volgens Women Inc. aan deze omschrijving van een jonge feministe voldoe, krijg ik bovenstaande mail doorgestuurd met het verzoek of ik contact met deze dames wil opnemen.

Omdat ik, nog afgezien van hun bevinden, er nieuwsgierig naar ben waarom twee jonge meiden een documentaire over het feminisme willen maken, ga ik op het verzoek in. Ik hoop er op deze manier achter te komen hoe hedendaagse jongeren tegen het feminisme aan kijken. Wat zij daarvan meekrijgen op school en of ook zij een clichébeeld van het feminisme hebben. Hoe kijken ze tegen man-vrouwverhoudingen aan, met welke vragen en problemen worstelen ze en hoe zien ze de toekomst?

Een week later zitten Tossa en Camille bij mij aan tafel met een lijstje vragen en een video-8-camera die ze van hun grootouders hebben geleend. Behalve Hedy d'Ancona hebben ze inmiddels ook Sunny Bergman – bekend van de tv-documentaire *Beperkt Houdbaar* – gesproken.

Nadat ik een kopje thee voor ons heb gezet, start Tossa (18), de camera en vuurt Camille (18), de vragen op mij af. Waarom ik mezelf liever geen feminist noem, of ik dan niet vind dat er nog gestreden moet worden voor het vrouwenbelang en hoe ik tegen de seksualisering van de samenleving aan kijk. Als ik alle vragen heb beantwoord, gaat de camera uit en stappen de dames op.

Een week later word ik uitgenodigd om de documentaire in de Melkweg te komen bekijken. Omdat ik nog geen antwoord op mijn vragen heb gekregen en ook nieuwsgierig ben naar de reactie van andere scholieren op de documentaire, fiets ik door hagel en sneeuw naar de Melkweg.

De documentaire begint met een kort overzicht van belangrijke gebeurtenissen en personen uit de eerste en tweede feministische golf. Daarna wordt er aan passanten op straat gevraagd of zij vinden dat het tijd wordt voor een derde golf of dat de vrouwenbelangen inmiddels al behartigd zijn. Als Hedy d'Ancona, Sunny Bergman en ik vervolgens ons zegje hebben gedaan, wordt er geconcludeerd dat er nog genoeg te emanciperen valt, maar dat het feminisme zo'n negatieve naam heeft gekregen, dat het monddood maakt en dat het tijd wordt voor een nieuwe stroming. Een stroming die zich losmaakt van de loodzware erfenis en de clichés rondom het tweedegolffeminisme, en die opkomt voor de emancipatie van zowel mannen als vrouwen.

Gecharmeerd door de uitkomst van de documentaire sluip ik de zaal uit. Omdat de volgende documentaire direct daarna begint, krijg ik geen gelegenheid om mijn vragen te stellen en de reacties van de andere bezoekers te peilen. Daarom mail ik Camille en Tossa of ze met mij willen afspreken zodat ik alsnog kan vragen waarom ze een documentaire over het feminisme hebben gemaakt, wat hun indruk van het feminisme en de man-vrouwverhoudingen is en hoe er na afloop door klasgenoten en andere aanwezigen op de documentaire is gereageerd. Bij elkaar kan dat een beeld geven van de waarde van het feminisme voor de jongere generatie.

We zien elkaar een aantal weken later op een terrasje in Amsterdam-West. Ze hebben een uur geleden eindexamen gedaan en de zenuwen gieren nog door hen heen. Tossa antwoordt als eerste op de vraag waarom een documentaire over het feminisme. 'Ik had iets gelezen over Women on Waves, de varende abortusboot. Deze strijdbare vrouwen maken het voor vrouwen die in landen wonen waar dat illegaal is, mogelijk een abortus te krijgen. Dat boeide me. Ik wilde meer weten over de strijd voor het vrouwenbelang.'

Dat vond Camille wel een goed plan. 'Ik wist eigenlijk helemaal niks over het feminisme. Voor zover ik me kan herinneren is het ook niet behandeld op school. Tot we met de documentaire begonnen, dacht ik dat het feminisme iets van vroeger was. Ik heb zelf nooit iets gemerkt van ongelijke behandeling of discriminatie. Maar tijdens het filmen leerde ik dat het alleen maar líjkt of mannen en vrouwen gelijk behandeld worden. Daar schrok ik wel van. De ongelijke behandeling, zo vertelden de meeste mensen die wij over het feminisme spraken, vindt vooral plaats op het werk als er een kind komt. Vrouwen met kinderen stromen minder snel door en krijgen minder betaald. Dat is misschien ook waarom het onderwerp onder jongeren niet zo leeft. Het duurt nog even voor wij ermee te maken krijgen. Op school merk ik niet dat jongens anders behandeld worden dan meisjes.'

Ik vraag hoe hun omgeving reageerde toen ze vertelden dat ze een documentaire over het feminisme gingen maken. Tossa kon zich niet voorstellen dat er mensen waren die een negatief beeld hebben van vrouwen die voor hun rechten opkomen, maar dat bleek wel het geval. Vooral de reacties van hun klasgenoten waren behoorlijk negatief. 'We werden meteen voor feminist uitgemaakt. Ze wisten niet eens waar het feminisme voor staat, maar gebruikten het als een scheldwoord,' zegt Tossa verontwaardigd. 'Gelukkig veranderde dat na de presentatie van de documentaire. Toen was iedereen ineens heel enthousiast,' valt Camille bij. 'De meeste jongeren zijn gewoon totaal niet bezig met het feminisme. Ze vinden het heel normaal dat mannen en vrouwen werken en zorgen, en zien geen beren op de weg. Dat het nog steeds een issue is, gaat aan hen voorbij omdat het nog een ver-van-hun-bedshow is. De ongelijkheid van mannen en vrouwen en de strijd daartegen is nu veel te geruisloos. Daarom denk ik dat het heel belangrijk is dat er meer wordt ondernomen om jongeren zich in het onderwerp te laten verdiepen.'

Als ik Tossa en Camille vraag wat er zou moeten gebeuren om de emancipatiestrijd minder geruisloos te laten verlopen, of er bijvoorbeeld meer gedemonstreerd moet worden, schudden ze beiden heftig het hoofd. Ze vinden het heel belangrijk dat het emancipatiedebat niet zo agressief wordt gevoerd als tijdens het tweedegolffeminisme, want vooral de herinnering aan die agressie is blijven hangen en heeft het succes van dat feminisme overschaduwd. 'Het mag best met wat meer fun gebracht worden. Dat klagen, aanklagen en actievoeren werkt juist averechts,' zegt Camille. 'Feministen van de tweede golf, zo bleek uit onze straatinterviews, worden toch vooral geassocieerd met zurige vrouwen. Juist dat heeft het feminisme zo'n negatieve associatie gegeven. Toen we willekeurige mensen op straat vroegen of zij vonden dat de emancipatie voltooid is, zeiden zowel mannen als vrouwen dat ze niet dachten dat de ongelijkheid tussen mannen en vrouwen helemaal weg is. De meesten begonnen over de ongelijke beloning voor hetzelfde werk en over meer vrouwen aan de top. Maar toen we vroegen of het tijd werd voor een derde feministische golf, riepen de meesten meteen stellig van niet. Daarom zochten we tijdens het maken van onze documentaire ook naar iemand met een oplossing. Iemand die het feminisme vanuit een andere invalshoek benaderde, zodat we niet op een dood spoor zouden eindigen. Want als het woord "feminist" valt, is de eerste reactie vaak: "O, begint dat gezeik weer? Hou daar toch eens over op."'

Eindigt het feminisme volgens hen op een dood spoor? Camille meent van wel. 'Doordat de meeste mensen zich niet met het feminisme willen associëren, leeft het alleen nog onder een klein groepje fanatici, en daar kun je weinig mee bereiken.' Tossa is iets minder stellig: 'Ik denk niet dat het feminisme dood is, maar er kleven te veel negatieve associaties aan. Het is aan vernieuwing toe en moet meer van deze tijd worden en minder van die van mijn ouders.'

In de documentaire laten ze een aantal voorbeelden zien van waar jongeren het feminisme mee associëren. Zo hebben Camille en Tossa zich uitgedost met een tuinbroek en een getekend snorretje en grote plukken shag onder hun oksels. Met grote spandoeken met boze leuzen stampen ze over straat, luid schreeuwend om gelijke rechten. Ze schetsen inderdaad een prachtige karikatuur van het beeld dat ook ikzelf van het tweedegolffeminisme had. Ik vraag welke negatieve associaties er volgens hen aan het feminisme kleven. In rap tempo volgen de nog ontbrekende clichés elkaar op: feministen zouden boze vrouwen zijn in tuinbroeken met zelfgemaakte oorbellen en okselhaar die mannen en kinderen haten en lesbisch zijn. Camille: 'Daar zitten de meeste jongeren niet op te wachten, al denk ik wel dat we met onze documentaire veel van die vooroordelen hebben weggenomen en de discussie hebben losgemaakt.'

Tossa: 'Mijn vriendje reageerde echt als een antifeminist toen ik hem vertelde dat ik daar een documentaire over wilde maken. Later, toen hij de documentaire had gezien, bleek hij vooral anti te zijn door het wóórd "feminist". Hij associeerde het feminisme enkel met vrouwen die mannen verwijten dat ze te weinig huishoudelijke taken verrichten. Toen het ook bleek te gaan over de gelijke rechten voor mannen en vrouwen om werk en zorg te combineren, kon hij zich wel in de boodschap van de documentaire vinden. Vanaf dat moment konden we er normaal over praten zonder dat hij meteen begon te zuchten.'

Camille denkt dat in het feministische debat ook te veel de nadruk ligt op carrière maken en de top bereiken. Volgens haar hebben veel vrouwen vaak niet zulke hoge ambities. 'Vrouwen zijn volgens mij gewoon minder gevoelig voor status en macht. Ze willen liever doen wat ze leuk vinden. Ik heb nog nooit een meisje horen zeggen dat ze minister wil worden.' Als ik vraag of ze wel jongens kennen die minister of iets anders statusgevoeligs willen worden, schiet eerst Tossa en dan Camille in de lach. 'Ik ken inderdaad ook geen jongens die minister of iets dergelijks willen worden,' proest Tossa uit.

Uit recente enquêtes blijkt dat jongeren conservatiever lijken te worden dan hun ouders. De meisjes zeggen liever parttime of helemaal niet te willen werken met kinderen en zowel jongens als meisjes geven aan de moeder geschikter te vinden voor de verzorging van jonge kinderen, maar Camille en Tossa herkennen dat beeld totaal niet. 'Er is niemand in mijn omgeving die alleen moeder wil worden,' zegt Camille. 'Ja, en de meeste jongens met wie we naar aanleiding van de documentaire hebben gesproken, wilden ook voor hun kinderen zorgen. Maar dan heb je het natuurlijk wel over jongeren op een gymnasium in het centrum van Amsterdam. Wij hebben bijna allemaal ouders die beiden veel werken. Voor ons is het dus een heel normaal patroon. Ik kan me voorstellen dat zo'n enquête-uitkomst eerder een tegenreactie weerspiegelt op de toenemende druk om te presteren.' Verontwaardigd voegt Tossa eraan toe: 'Ik wil niet fulltime werken. Gewoon omdat ik mijn kinderen vaker wil zien. Die wens hebben veel jongeren, denk ik.'

Tossa's ouders werken beiden parttime. Ze is enig kind en dat zal ook wel zo blijven. Toen haar vader niet vruchtbaar bleek, heeft haar oom zaad gedoneerd, vertelt Tossa, alsof het om het plakken van een band gaat. Ze lijkt het de normaalste zaak van de wereld te vinden en ook Camille is niet onder de indruk. Even schiet het door me heen of het voor deze generatie al net zo normaal is geworden om een spermadonor als biologische 'vader' te hebben als het voor mijn generatie was om gescheiden ouders of een bommoeder te hebben.

Camille heeft een zus, maar haar ouders zijn gescheiden toen haar moeder zwanger was van Camille. Ze heeft dus geen enkele herinnering aan de tijd dat haar ouders nog bij elkaar waren. Camille is samen met haar oudere zus bij haar moeder opgegroeid en ging eens in de twee weken een weekend naar haar vader. Nu ze ouder is, gaat ze wanneer ze wil.

Hoewel Camille een goed contact heeft met haar vader, merkt ze dat ze dichter bij haar moeder staat. 'Ik heb echt veel respect voor mijn moeder. Ze heeft mij en mijn zus helemaal alleen opgevoed. Mijn vader betaalde wel alimentatie, maar mijn moeder verdiende het brood op de plank. Om ons alles mee te kunnen geven, heeft ze altijd keihard gewerkt, te hard zelfs. Ze heeft zich overspannen gewerkt om de vakanties te kunnen betalen. Verre reizen zouden ons cultuur bijbrengen. Soms voel ik me wel eens schuldig over het feit dat mijn moeder zo hard voor ons gewerkt heeft.'

Ook Tossa's moeder blijkt op een gegeven moment overspannen te zijn geraakt. Wat is dat toch met die moeders dat zij overspannen raken, en de vaders niet? Zowel Tossa als Camille denkt dat het te maken heeft met het perfectionisme van hun moeders. Ze moeten in alles uitblinken en hun kinderen het beste van het beste meegeven. Doen ze dat niet, dan maken ze zich enorme verwijten. Daar lijken hun vaders minder last van te hebben, terwijl die vergelijkbare posities bekleden. De vader van Tossa werkt net als haar moeder in de hulpverlening. De vader van Camille is acteur en haar moeder vertaalster: beide onzekere en matig betaalde banen. Als ik ze vraag of ze hun moeders als heel ambitieus zouden omschrijven, begrijp ik dat ze ambitie toch vooral associëren met het verlangen naar status, een dure auto, een hoge functie met veel macht; en dat is niet wat hun moeders ambiëren.

Zowel Tossa als Camille wil later kinderen. Camille zou ze het liefst in de stad opvoeden; ze wil niet trouwen maar samenwonen en de taken eerlijk verdelen. Verder hoopt ze dat ze nooit een keuze hoeft te maken tussen een kind en een carrière. Ze wil allebei. Als het feminisme van nu iets moet bereiken, dan hopen beiden toch vooral dat het mogelijk wordt gemaakt om niet gedwongen te worden tot die keuze. Dat lijkt met name hun schrikbeeld: de keuze voor of tegen kinderen, carrière of een relatie. Dat die relatie met zo'n eisenpakket onder druk komt te staan, daaraan twijfelen ze niet.

Zouden ze hun wensen en verlangens over hoe de rollen te verdelen ook van tevoren met hun toekomstige partner bespreken? Camille knikt van wel, maar Tossa reageert fel. 'Ja, dat zou ik zéker van tevoren bespreken. Voor ik ga samenwonen en aan kinderen begin, wil ik wel weten of wij tot een ideale rolverdeling kunnen komen. Ik weet heel goed wat ik wel en niet wil en denk soms dat het daarom moeilijk wordt om nog een partner te vinden.' Camille knikt instemmend. Geen kinderen zijn voor haar geen optie, en kinderen alleen opvoeden zou ze liever niet doen. Maar als dat de keuze was, dan liever alleen. Als ze moest kiezen tussen kinderen of een carrière, zou ze voor kinderen kiezen. Maar het liefst wil ze alles.

Ik wil graag weten of hun idealen nog veranderd zijn sinds hun documentaire.

Tossa had er al niet veel vertrouwen in dat zij haar ideaal gemakkelijk zou kunnen realiseren, en dat is zo gebleven. Toch ziet zij de toekomst redelijk rooskleurig in. Het vertrouwen dat Camille had in het waarmaken van haar dromen is wel behoorlijk afgenomen. 'Ik wilde voor mijn dertigste aan kinderen beginnen. Nu ik heb gehoord en gelezen wat een gedoe het is om kinderen met een carrière te combineren, heb ik daar niet zoveel zin meer in. Ik heb me er echt over verbaasd hoe conservatief de overheid en het bedrijfsleven nog zijn. Natuurlijk had ik wel gehoord dat mannen en vrouwen niet hetzelfde betaald kregen voor hetzelfde werk, maar ik dacht dat de overheid daar wat aan zou doen. Toen ik er tijdens het maken van de documentaire achter kwam dat de overheid wel de middelen heeft om loondiscriminatie aan te pakken, maar die gewoon niet gebruikt, was ik echt stomverbaasd.'

En wat moet er volgens de jongste generatie nog veranderen? Tossa en Camille verwachten dat steeds meer jongeren de verdeling van werk en zorg anders willen inrichten dan hun ouders deden. De angst voor verandering bij overheid en werkgevers moet volgens hen doorbroken worden. Als die groeiende groep mensen die het anders wil naar elkaar luistert en elkaar bijvalt, dan verwachten Tossa en Camille dat er veel kan veranderen. Maar wat die veranderingen zullen behelzen, weten ze niet precies. Wel hopen ze vurig dat de veranderingen ertoe zullen bijdragen dat ze de keuze tussen een kind, carrière en een partner nooit hoeven maken.

4. Werk en zorg combineren: nu echt

Werkgeversverenigingen, werkgevers en werknemers

De behoefte om werk met de zorg voor kinderen te combineren, groeit gestaag. Toch lijkt er weinig te gebeuren om die combinatie mogelijk te maken. Hoe komt dat? Ligt de overheid of het bedrijfsleven dwars? De meeste politieke partijen, werkgevers en vakbonden geven wel aan dat ze de mogelijkheden voor die combinatie willen verbeteren, maar lijken toch weinig te ondernemen. Keer op keer blijven jonge stellen als Joost en ik tegen dezelfde hindernissen aan lopen. De banen waarop ik solliciteer bieden me tijdelijke contracten die met geluk twee keer verlengd worden tegen een salaris dat ver onder het niveau blijft van wat een politicoloog van mijn leeftijd kan verdienen. Ik hop van hier naar daar, en ondertussen doet Joost hetzelfde.

Sinds we niet meer bij de plaatselijke televisie werken, was eerst Joost de hoofdkostwinner en zorgde ik vooral voor de kinderen, en dan draaiden de rollen weer om. Het liefst zouden we de taken gelijk verdelen, maar dat is tot nu toe nog niet gelukt. De een krijgt promotie terwijl het contract van de ander afloopt. Omdat we zowel van de zorg voor de kinderen als van ons werk genieten, levert dat ook herkenbare ergernissen op. Als ik zorg, vind ik dat Joost wel erg veel met zijn werk bezig is, maar als ik werk, merk ik dat hij hetzelfde van mij vindt. Na een drukke enerverende dag vergeet ik te vragen hoe het bij de dokter was en weet ik niet meer op welke dagen de gymkleren in de tassen moeten. Het is natuurlijk heerlijk om je zo nu en dan volledig op je werk te kunnen storten en dan weer op je kinderen. Maar wij verlangen naar balans in onze taakverdeling. Een balans die wat meer rust brengt dan onze huidige estafettecarrière. Er zijn van die momenten waarop ik me afvraag waar ik mee bezig ben.

Zo'n moment had ik op de vierde verjaardag van Julia. Nadat ik haar met de verjaardagstaart had gefotografeerd en Joost en de kinderen – voorzien van een schaal met de door hem gebakken cakejes – had uitgezwaaid, bleef het beeld van mijn dochter in haar feestkleding met pruillip op mijn netvlies gebrand. Ze had me bedroefd gevraagd waarom ik haar nooit meer haalde of bracht, en terwijl ik in de auto naar een gezinsconferentie van minister Rouvoet scheurde om over 'de kracht van het gezin' te debatteren, miste deze 'gezinsdeskundige' het afscheidsfeestje van haar eigen dochter op de crèche, en ook de volgende dag zou ik haar op haar eerste schooldag niet brengen. Dat doet Joost allemaal.

Op die gezinsconferentie herken ik mijzelf dan ook meteen in de lezing van Carl Rohde. Hij is cultuursocioloog en academisch trendwatcher, en vertelt dat het hedendaagse gezin vooral op zoek is naar balans en rust. Volgens Rohde hebben met name werkende moeders last van de hedendaagse stresssamenleving: 'Gestreste dertigers willen "een rustgevend kind voor in het weekend". Ze willen verrast worden en zijn tegelijkertijd op zoek naar rust in een maatschappij die steeds meer van ze vraagt. Ze hebben ook een enorme behoefte aan slaap.' Slaap, zo voorspelt Carl, is de nieuwe seks. Dit verlangen naar slaap en rust komt volgens hem doordat de jongste spruiten van het moderne gezin ook niet op hun achterhoofd zijn gevallen: 'Ze voelen haarscherp aan wanneer ouders zich schuldig voelen omdat ze weinig tijd met hen doorbrengen. Is het gezin dan eindelijk bij elkaar, dan moet het perfect zijn en dat weten ze. Ze laten zich dan ook niet zomaar in dat ene kwaliteitsmoment duwen, en presenteren onmiddellijk een lijstje waar zo'n kwaliteitsmoment aan moet voldoen. Kinderen willen ook meepraten. Vooral onze tieners hebben een grote mond, maar een klein hartje. De echtscheidingscultuur heeft de jongeren gevormd: ze doen stoer, maar zijn tegelijk erg kwetsbaar. Ze hebben een intens verlangen naar de geborgenheid van ergens bij te horen.'[3]

3. Dit fragment verscheen eerder in het blad *Mama, for all fabulous moms*, september 2008

Gevangen tussen werk, meters snoeren van apparatuur die het leven simpeler zou maken en kinderen met eisenpakketten en gebruiksaanwijzingen, snakken dertigers als ik naar de balans die rust brengt. Helaas vertelt ook Carl er niet bij hoe die balans te verwezenlijken valt, en lijken werkgevers er totaal geen boodschap aan te hebben. Werk en zorg combineren: is het geen mantra, dan wel een cliché. Maar nu echt: hoe kan de balans daarin worden bereikt? Om daarachter te komen besluit ik met een aantal werkgeversorganisaties te gaan praten.

Mariet Feenstra, secretaris sociale zaken bij het MKB Nederland staat mij geduldig en zakelijk te woord als ik haar vraag hoe zij denkt dat een werkgever het ouders makkelijker kan maken om werk en zorg te combineren. Toch is de irritatie duidelijk in haar stem te horen. 'Het zou te eenzijdig zijn om daarvoor alleen naar de werkgevers te kijken. In Nederland heerst een cultuur waarin vrouwen niet per se een voltijdse baan ambiëren. Dat kan natuurlijk komen doordat de mogelijkheden om met kinderen voltijds te werken nog te beperkt zijn. Maar je ziet dat ook vrouwen zonder kinderen minder werken zodra het inkomen van hun partner dat toelaat. Vrouwen gaan in deeltijd werken of stellen het krijgen van kinderen uit, terwijl mannen juist voltijds blijven werken. Mannen denken dat dat ook van hen wordt verwacht.'

Daarnaast merkt Mariet op dat wij de op één na laagste arbeidsparticipatie van West-Europa hebben: alleen in Noorwegen werken ze nog minder uren. Dat onze productiviteit zeer hoog is en dat dat misschien komt doordat we minder lange dagen maken, veegt zij van tafel. 'Wanneer politieke partijen, boven op alle vrije dagen die we al hebben, gaan pleiten voor nog meer wettelijk zorgverlof, is dat voor het MKB echt onacceptabel. Kleine bedrijven met weinig personeel – waar de betrokkenheid vaak groot is – zijn meestal heel goed in staat om met elkaar tot een oplossing te komen. Een wettelijke regeling, ook waar het helemaal niet nodig is, is met name voor kleine bedrijven funest voor de continuïteit. Bedrijven en sectoren waarin veel vrouwen werken, hebben in hun cao al afspraken gemaakt voor langer verlof. De ene sector heeft meer behoefte aan verlof dan een andere sector. Daarom is maatwerk veel effectiever dan een wettelijke regeling voor iedereen.'

Maar als ik opmerk dat veel jongeren niet meer in aanmerking komen voor vaste contracten met prachtige cao-regelingen, reageert ze schamper dat dat het gevolg is van al die wettelijke verplichtingen die de overheid en de vakbonden de werkgever opleggen. Volgens Mariet zijn die cao-regelingen zo luxueus dat het ook niet vreemd is dat werkgevers daar zo lang mogelijk onderuit proberen te komen. 'Het is niet zo dat het MKB niet tot een betere arbeids- en zorgverdeling wil komen, dat willen we wel degelijk. Maar we verwachten meer van kinderopvang met openingstijden die goed aansluiten bij de werktijden, dan van een wettelijk recht op flexibel werk en werktijden die aansluiten bij de opvangtijden. We betalen mee aan de kinderopvang omdat werkgevers verwachten dat dat leidt tot een hogere arbeidsparticipatie en een grotere productiviteit. Bovendien zien we de oplossing in flexibiliteit, al moet je niet uit het oog verliezen dat de mogelijkheid tot flexibel werken in elke sector weer verschilt en dat ook hier maatwerk van belang blijft. De vierentwintiguursmentaliteit zou normaler moeten worden in plaats van de negen-tot-vijf-mentaliteit. In de recreatie heb je bijvoorbeeld periodes waarin het heel rustig is en dan weer heel druk. Dan is het handig om te kijken naar de uren die je per jaar werkt, en niet per week. Je hebt piek- en dalperioden. Er moet oog blijven voor de sector en de flexibiliteit die een sector kan bieden. Waar het werk het toelaat, zijn wij ook een voorstander van thuiswerken.'

Als ik vraag wat het MKB nodig heeft om tot die betere arbeid- en zorgverdeling te komen slaakt Mariet een zucht van verlichting. 'Werkgevers zijn vooral toe aan duidelijkheid en eenvoud. De Wet arbeid en zorg bijvoorbeeld, die de verschillende verlofsoorten regelt met als doel de combinatie arbeid en zorg voor werknemers te vergemakkelijken, zou veel eenvoudiger moeten worden, die is nu echt veel te ingewikkeld. Bedrijven zien door de bomen het bos niet meer. Elk verlof heeft weer andere regels. Het is voor werkgevers van groot belang dat zij niet alleen verantwoordelijk zijn voor de verbetering van de arbeid- en zorgcombinatie, maar natuurlijk hebben wij ook een maatschappelijke verantwoordelijkheid. Daarom zitten wij ook met de bonden aan tafel en proberen elkaar tegemoet te komen, maar we blijven wel bedrijven die de productie-eisen moeten halen. We willen waar mogelijk bijdragen aan een betere arbeid- en zorgverdeling, maar alleen kunnen we het niet. Daar zijn meer partijen voor nodig. Verder moet worden bezien of de kosten daarvoor volledig bij werkgevers moeten liggen. Ook de werknemer moet bereid zijn om iets in te leveren en mee te betalen.'

Ronald de Leij, hoofd strategische beleidsontwikkeling bij de Algemene Werkgevers Vereniging Nederland, zegt zich weliswaar in te willen zetten voor het verbeteren van de combinatie werk en zorg, maar ook de AWVN heeft het gevoel daar nu alleen voor op te moeten draaien. 'Het lijkt wel of het probleem van de werk-zorgcombinatie in de schoenen van de werkgever wordt geschoven. Terwijl de werkgever niet betrokken wordt bij de beslissing om aan kinderen te beginnen. Niet dat ik vind dat een werkgever daarbij betrokken moet worden; ik wil alleen maar zeggen dat er aan beide zijden veranderingen kunnen optreden die het nodig maken om de eerder gemaakte afspraken te herzien. Een vast contract kan niet tot gevolg hebben dat alleen de werkgever zich moet aanpassen aan een veranderde situatie zonder dat dat gevolgen heeft voor het contract. Wil je op een zeker moment minder gaan werken, dan moet je ook bereid zijn om een andere functie te accepteren of in een andere schaal te gaan werken.'

Als ik hem vraag wat er dan moet gebeuren als er zich plotseling calamiteiten voordoen bij de werknemer, zoals een ziek kind waarvoor je moet zorgen, antwoordt hij rustig en droog dat het nuttig zou zijn als werkgevers het recht krijgen om, bij kortdurende afwezigheid, de werknemer voor die periode niet te hoeven betalen of hem of haar de mogelijkheid te geven vakantie op te nemen. 'Een werknemer kan er dan voor kiezen om iets anders te regelen. En als dat niet lukt, kan hij of zij vakantiedagen opnemen of tijdelijk minder loon ontvangen. Een ziek kind is natuurlijk heel vervelend voor het kind en de ouders, maar ook voor de werkgever: die had gerekend op de komst van de werknemer. Werknemers zouden zichzelf best wat meer mogen zien als zelfstandigen. Je bent in dienst voor het leveren van een bepaalde prestatie; als je die niet levert, zou het niet raar moeten zijn om daar dan ook geen loon voor te ontvangen. Een werkgever is niet een soort pleegouder waar de werknemer tegenaan kan leunen. Dat lijkt mij erg ongezond.'

Ronald lijkt het daarom beter om het aanwezigheidscontract te vervangen door het prestatiecontract. 'Bij een prestatiecontract maakt de werkgever een afspraak met de werknemer over wat op welk moment af moet zijn. Het maakt dan minder uit wanneer en waar de werknemer dat precies doet. Werk is steeds minder aan één werkplek verbonden. Dat maakt het mogelijk terug te keren naar een natuurlijker werkomgeving waar werk en privé niet zover uit elkaar liggen. Door de industrialisering zijn mensen steeds verder van hun gezinnen gaan werken. We houden dat soms aan uit gewenning, al is het lang niet altijd meer nodig en voelt het voor veel werknemers erg onnatuurlijk en onwenselijk. Om dat werkpatroon los te laten is een cultuuromslag nodig.'

Als Ronald mijn gelaatsuitdrukking ziet, schiet hij in de lach. 'Tja, de alom bekende cultuuromslag. Toch moeten we echt in gaan zien dat niet alleen de moeder een kind krijgt, maar de samenleving als geheel. De ouders, de buurt, de overheid én de werkgever. Bovendien moeten we sowieso naar een situatie toe waarin een leven lang leren de norm is. Werken, zorgen en leren lopen dan door elkaar. Nu stellen jongeren het krijgen van kinderen uit omdat ze eerst hun opleiding af willen ronden en genieten van hun vrijheid. Het krijgen van een kind beperkt die vrijheid, maar dat zou niet hoeven. We moeten met ons allen zorg dragen voor onze kinderen, en dat is een grote uitdaging en verantwoordelijkheid voor iedereen, niet alleen voor gezinnen en werkgevers. Daarom begrijp ik ook niet waarom er enige tijd geleden zo negatief werd bericht over het feit dat staatssecretaris Sharon Dijksma het budget voor de kinderopvang overschreed. We zouden de vlag moeten uithangen, eindelijk wordt er goed gebruikgemaakt van de kinderopvang! Maar in plaats daarvan is er sindsdien weer bezuinigd.'

Alfred van Delft houdt zich bezig met het arbeidsvoorwaardenbeleid bij werkgeversorganisatie vno-ncw. Hij verwacht dat het verbeteren van de kinderopvang kan helpen om de arbeid- en zorgverdeling van werknemers te vergemakkelijken. 'De kinderopvang gaat wel vooruit, maar bij de buitenschoolse opvang valt nog veel te winnen: ook op het gebied van schooltijden en naschoolse activiteiten zouden veranderingen moeten plaatsvinden. Neem een voorbeeld aan Frankrijk, daar eten de kinderen warm op school en doen ze in de middag aan sport en spel. Natuurlijk moet de invulling van de arbeid- en zorgcombinatie wel een individuele afweging blijven waar de overheid en de werkgever zich niet mee dienen te bemoeien. Behalve de wettelijke bepaling dat je als werkgever niet mag vragen of een werknemer zwanger is of wil worden, is meer regelgeving wat mij betreft niet gewenst. Maar de flexibiliteitswensen van werkgevers moeten wel in verhouding staan tot de flexibiliteitwensen van de werknemer.'

Alfred verwacht veel van telewerken. 'Daarmee kan de arbeidsparticipatie toenemen zonder dat het de zorg al te veel belemmert door bijvoorbeeld lange reistijden. Dat vergt wel een andere mentaliteit van managers. Die denken nog vaak dat de aanwezigheid van werknemers leidt tot een hogere productiviteit, maar dat hoeft echt niet het geval te zijn. Managers zouden hun personeel wat meer verantwoordelijkheid kunnen geven, en luisteren naar de wensen van ouders. Zeker bij een toenemende krapte op de arbeidsmarkt. vno-ncw hecht daarom veel waarde aan individuele afstemming tussen werkgevers en werknemers, maar niet aan wettelijke regelgeving. Het gaat toch om het vertrouwen dat werkgevers in hun personeel hebben. Dat kun je niet afdwingen met regelgeving.'

Ook Alfred is blij met de vraag wat werkgevers nodig hebben om tot een betere arbeid- en zorgverdeling te komen. Hij verwacht veel van fiscale maatregelen en een verbetering van de kinderopvang, waardoor vooral vrouwen meer zullen gaan werken. Verder moeten werknemers en vakbonden volgens hem niet te snel weglopen voor de verantwoordelijkheden van het individu. 'Je moet werkgevers niet onnodig schuchter maken door te veel individuele problemen op hun bordje te leggen. Het is dan ook nodig dat het kabinetsbeleid de nadruk legt op een participatiemaatschappij in plaats van een verzorgingsmaatschappij.'

Alle drie de werkgeversverenigingen vinden het dus te eenzijdig om het uitbreiden van de combinatiemogelijkheden bij de werkgever te leggen, en ze zien weinig in wettelijke regelgeving. Toch zijn er ook bedrijven die, al zijn die nog in de minderheid, niet hebben gewacht op overheid of vakbonden om de werk-zorgcombinatie te verbeteren. Deze werkgevers hebben gekeken naar de behoefte van het personeel en ingezien dat een investering in gezinsvriendelijk beleid hun wat oplevert. Ze hadden al eerder ontdekt dat de hedendaagse werknemer een groeiende behoefte heeft aan een evenwichtige verdeling tussen werk en privé. Ook was het hun opgevallen dat wanneer deze zorgende werknemers die ruimte niet krijgen, ze vroeg of laat op zoek gaan naar een andere werkgever of voor zichzelf beginnen. PriceWaterhouseCoopers (pwc) berekende dat een goede werknemer die het bedrijf verlaat hun zo'n 80 000 dollar kost. PWC zag de onlangs ingevoerde gezinsvriendelijke maatregelen, waaronder de verruiming van het vaderverlof, dan ook als een goedkope investering in het behoud van personeel en een simpele manier om het imago van PWC als werkgever te verbeteren.

Maar er zijn kleinere bedrijven die nog verder gaan dan PWC. Een van de meest gezinsvriendelijke bedrijven met een uitgebreid vaderschapsverlof is het adviesbureau &Samhoud. Sinds halverwege 2006 krijgen jonge vaders daar twee maanden betaald vaderverlof en hun ervaring leert dat de kosten wel degelijk tegen de baten opwegen. Carolien Bijen, manager van &Samhoud People, rekende mij voor dat het verlof op korte termijn inderdaad twee keer een maandsalaris kost, maar deze kosten worden op lange termijn ruimschoots goedgemaakt doordat het ziekteverzuim en het personeelsverloop zijn gedaald, terwijl de effectiviteit en de loyaliteit zijn gestegen. Dat zijn zonder meer enorme winstgeneratoren, zeker als je kijkt naar de krapte op de arbeidsmarkt; dan betekent een vitale en aangename bedrijfscultuur altijd een vooruitgeschoven concurrentiepositie.

Daar komt nog bij dat bedrijven als deze werving- en selectiekosten besparen omdat het bedrijf wordt gezien als een aantrekkelijke werkgever die veel gedreven sollicitanten aantrekt. 'In de twee jaar dat &Samhoud vaders twee maanden vaderverlof geeft naast alle andere gezinsvriendelijke regelingen, hebben vijf werknemers daar gebruik van gemaakt. En de effecten van ons gezinsvriendelijke beleid zijn merkbaar,' vertelt Carolien. 'De grote tevredenheid onder werknemers heeft ertoe geleid dat &Samhoud in 2008 werd verkozen tot nummer één "Great Place to Work" in

Nederland, en de vijfde plaats behaalde op de Europese "Great Place to Work"-ranglijst. De klanttevredenheid is bijzonder hoog, en dat resulteerde in een enorme winststijging in de afgelopen drie jaar.'

Omdat ik de mooie verhalen van bedrijven inmiddels wel ken en me afvraag of het gezinsvriendelijke beleid ook echt als prettig wordt ervaren door de werknemers, besluit ik te gaan praten met Jeroen Schilte, brandmanager bij managementadviesbureau &Samhoud. Hij is een van die vaders die twee maanden betaald verlof hebben kunnen opnemen. Van hem wil ik weten wat het gezinsvriendelijke beleid van &Samhoud hem en zijn gezin oplevert.

Enthousiast vertelt Jeroen dat zijn vrouw door zijn twee maanden betaald verlof de tijd heeft gekregen echt bij te komen na de geboorte van hun jongste kind, terwijl hij voor de kinderen zorgde. 'Dat was een heerlijk rustig begin. Nu ben ik wel weer keihard aan het werk, maar doordat we alles goed hebben kunnen opstarten, loopt het nu gesmeerd. Mijn vrouw en ik maken heel goede afspraken en verdelen de week. We denken dan niet in negen-tot-vijftermen maar in een heel flexibele werk- en zorgindeling. Ik werk heel veel thuis. Dan kan ik bijvoorbeeld van acht tot drie werken, de kinderen van school halen en als ze naar bed zijn nog een of twee uur werken. Mijn vrouw werkte vier dagen in de week en nu wil ze een eigen bedrijf beginnen. We werken dus allebei heel hard en zijn behoorlijk flexibel.'

Volgens Jeroen zouden andere bedrijven een voorbeeld aan &Samhoud kunnen nemen.

'Mijn werkgever ontraadt zijn werknemers minder te gaan werken, omdat het vaak betekent dat je hetzelfde werk in minder tijd doet tegen een lager salaris. In plaats daarvan krijgen wij alle flexibiliteit die we nodig denken te hebben zolang we de afgesproken targets maar halen. Mijn bedrijf &Samhoud denkt dan ook niet in dagdelen van negen tot vijf. Je trekt de deur dus nooit achter je werk of thuissituatie dicht: werk en zorg lopen door elkaar. Dat vergt wel een omschakeling. Mijn werkgever hamert erop om wat je ook doet met echte aandacht te doen. Als je werkt, werk dan; en als je zorgt, geef dan ook echt alle aandacht aan je vrouw en kinderen. Alles half is van alles net niks. De werknemer bij &Samhoud zit met zijn of haar partner en met de werkgever aan de keukentafel. Of het nu gaat om een geboorte, een sterfgeval of een zieke vriend, we gaan met elkaar kijken hoe we elkaar tegemoet kunnen komen. Mijn werkgever ziet het als een investering in zijn werknemers en als een visitekaartje voor zijn adviesbureau: een gelukkige werknemer is een goede, loyale werknemer. En ik denk dat hij daar absoluut de vruchten van plukt. Als ik niet zo'n flexibele werkgever had, dan zou mijn vrouw of ik minder moeten gaan werken en raakten we beiden in de knel. Want waar halen we de tijd anders vandaan? Daar krijgt een werkgever dan ook weer mee te maken. Zelfs met kinderopvang kom je er niet, zeker niet als je enige reistijd hebt. Bovendien haal ik veel voldoening uit de zorg voor mijn kinderen en het huishouden, en ik leer een hoop dingen die ik in mijn werk weer kan gebruiken.'

Er zijn dus bedrijven die mannen niet alleen behandelen als

kostwinners en vrouwen niet alleen als tikkende baarmoeders. En niet alleen bedrijven: ook de gemeente Nijmegen kan sinds kort in dat rijtje worden opgenomen. Deze gemeente geeft vaders tien dagen betaald verlof. In landen als Denemarken, Frankrijk en Groot-Brittannië hebben vaders recht op twee weken verlof en in Noorwegen zelfs op zeven weken. Nederland blijft met maar twee dagen ver achter. Toch wordt er op het voorstel van GroenLinks om het vaderverlof uit te breiden, door het kabinet en de werkgeversorganisaties terughoudend gereageerd. Daarmee ontkennen die partijen dat ook vaders een rol in het huis en de opvoeding hebben. En terwijl Nederland zich maar blijft afvragen waarom het nog steeds de man is die op zondag het vlees snijdt en waarom vrouwen voor de kinderen zorgen of hoogstens in deeltijd werken, plukken de gezinsvriendelijke organisaties de vruchten van hun progressieve beleid.

Toch is het lang niet altijd onwil van het bedrijfsleven. Een werkgever die debatten organiseert en liever anoniem wil blijven, vertelt me over de hindernissen waar hij tegenaan loopt. 'Als werkgever word ik steeds vaker gedwongen om mijn werknemers meer flexibiliteit te geven. Nu ik dat doe, merk ik dat het ook wat oplevert. Aanvankelijk wilde ik aan de strikte negen-tot-vijfnorm vasthouden. Niet omdat ik mijn werknemers geen flexibiliteit gun, maar omdat ik mij als klein bedrijf wil bezighouden met het organiseren van debatten, niet met arbeidsvoorwaarden. Ik wist hoe een negen-tot-vijfbedrijf draait en was bang dat wanneer ik met één werknemer zou gaan onderhandelen over flexibele tijden en thuiswerken, ik dat binnen de kortste keren met al mijn werknemers zou moeten doen. Totdat ik op het punt stond om mijn beste medewerkers te verliezen. Nu ik ze die flexibiliteit geef, blijven ze en krijg ik er loyaliteit voor terug. Maar het blijft een hoop gedoe.'

Als ik vraag of hij gebaat zou zijn bij een aantal overzichtelijk alternatieven voor het negen-tot-vijfmodel, reageert hij enthousiast. 'Ik denk dat het midden- en kleinbedrijf daar geweldig veel aan zou kunnen hebben. Een groot bedrijf heeft vaak wel een p&o-afdeling, maar een kleine(re) werkgever niet. Ik had mijn werknemers eerder meer flexibiliteit gegeven als ik ze een soort pakketten zou kunnen aanbieden waarin alle (fiscale) voor- en nadelen op een rijtje hadden gestaan. Als overheid en vakbonden werkgevers willen prikkelen tot het geven van meer flexibiliteit aan werknemers, zouden ze zo'n standaardpakket zeker moeten ontwikkelen. Een pakket waarbij de flexibiliteit correspondeert met een bepaalde functie, want de receptioniste kan een stuk minder gemakkelijk vanuit huis werken dan iemand die een stuk moet schrijven. Nu moeten kleinere bedrijven zelf het wiel uitvinden en met elke individuele werknemer onderhandelen. Dat kost veel tijd, waardoor het vaak eenvoudiger is om daar niet aan te beginnen.'

Op zoek naar de vraag waar andere werknemers vooral tegenaan lopen, waar de knelpunten feitelijk uit bestaan en welke oplossingen volgens hen mogelijk zijn, praat ik met een aantal van hen.

Anko Elzes (38) is artdirector in loondienst. Zijn vrouw is

redacteur bij een tijdschrift. Samen hebben ze twee kinderen van zes en drie. Hij en zijn vrouw werken elk vier dagen. 'Mijn vrouw heeft tijdelijk ouderschapsverlof opgenomen om op die manier wat eerder thuis te kunnen zijn. Ze is een poosje terug overspannen geraakt omdat alles te strak gepland was. We hebben enorm moeten onderhandelen met onze werkgevers om er wat rek in te krijgen. Dat ging niet zonder slag of stoot. Mijn werkgever was bang dat ik een precedent zou scheppen en het hele bedrijf andere werktijden zou willen. Hij was bang dat wanneer de werktijden nog flexibeler zouden worden, er geen vergadering meer te plannen was. Had hij mij die flexibiliteit niet geboden, dan was ik op zoek gegaan naar een andere baan. Maar nu voel ik me erg gewaardeerd en ik ga met plezier naar mijn werk.'

Anko ziet het liefst dat eerst de werktijden flexibeler worden en pas dan de school- of crèchetijden. 'Ik vind dat mijn kinderen genoeg tijd op school en opvang doorbrengen. Nog langer lijkt ons helemaal niet wenselijk. Ik wil met mijn gezin ontbijten en avondeten. Dat zijn dé familiemomenten, en die mis ik nu al te vaak.'

De grootste hindernis waar Anko tegenaan loopt in de combinatie werk-zorg, is het feit dat zijn kinderen zoveel vrij hebben en hij niet. 'Kinderen hebben veel meer vakantie dan wij en daar komen steeds meer adv-dagen bij. Dat vergt een hoop geregel. Ik kan van mijn vakantiegeld gelukkig vakantiedagen kopen, zo los ik de echte probleemdagen op. Dat soort mogelijkheden bieden flexibiliteit. Mijn vrouw heeft die niet en komt daardoor veel eerder in de problemen. Mijn bedrijf groeit met mijn behoefte mee, maar dat van mijn vrouw net iets minder, en dat voelt ze. Natuurlijk moet die flexibiliteit wel wederzijds zijn. Als mijn kinderen ziek zijn, ga ik naar huis. Daar doet mijn werkgever niet moeilijk over en ik doe daarom nooit moeilijk als ik wat langer door moet werken, of in het weekend nog wat moet doen.'

Aad Verkleij (45) is loopbaanadviseur bij het ROC. Zijn vrouw werkt als bibliothecaresse en samen hebben ze twee kinderen van achttien en zestien. Aad en zijn vrouw hebben altijd parttime gewerkt, variërend van drie tot drieënhalve dag per week. Hun kinderen gingen drie dagen in de week naar grootvader en grootmoeder. Van het begin af aan hebben ze de tijd met de kinderen en hun eigen vrije tijd belangrijker gevonden dan werk of inkomsten. Zij hebben hun uitgavenpatroon daarop aangepast en zijn er nog steeds heel tevreden mee. Als ik hem vraag wat er zou moeten gebeuren om de werk-zorgcombinatie te verbeteren, antwoordt hij direct dat werkgevers niet zo huiverig moet zijn voor deeltijd- en flexibel werk.

'Ik kon op mijn werk uren "inverdienen": de overuren die ik maakte kon ik opsparen en opnemen tijdens de schoolvakanties. Daar had ik veel profijt van. Werkgevers moeten ook niet moeilijk doen als kinderen ziek zijn, anders brengen ze ouders in de knel. Krijg je de indruk dat je werkgever het lastig vindt dat je kinderen hebt, dan kan dat veel stress veroorzaken. Verder zou er echt een mentaliteitsverandering moeten plaatsvinden: vrouwen moeten net zo behandeld worden als mannen, en andersom. Telkens als een werkgever of overheidsinstantie met een vrouw van doen heeft, zou die zich moeten inbeelden dat het een man is, en andersom. Dan krijgen mannen meer aandacht voor hun zorgtaken en vrouwen meer oog voor hun ambitie. Het zou ook schelen als je vrijer werd gelaten in het indelen van je uren. Kijk naar de kwaliteit van de werknemers in plaats van naar de kwantiteit. Bovendien zou inzichtelijk gemaakt moeten worden wat voor gevolgen vol- en deeltijdwerken hebben voor je loopbaan en je pensioen.'

Rutger Groot Wassink (33) is beleidsmedewerker bij de FNV en stadsdeelraadslid. Zijn vriendin is nu eens werkzaam als freelancer, dan weer in loondienst. Samen hebben ze een kind van één. Zij werken allebei vier dagen, en hun kind gaat drie dagen naar de crèche. 'Wij houden erg van ons werk en zouden alle twee echt niet gelukkig worden van minder werken. Maar op de dag die we met ons kind doorbrengen, willen we ook echt alle tijd en aandacht aan ons kind besteden. Gelukkig heb ik een heel flexibele werkgever. Daarnaast ben ik deelraadslid, maar dat is meestal in de avonduren. Als ik er zo over nadenk, werken we vier dagen maar veel meer uren dan 32. Ik kan goed thuiswerken en wanneer mijn vriendin als freelancer werkt, kunnen we de werk- en zorgtijden goed op elkaar afstemmen. Dat is essentieel. Anders zouden we nooit zoveel kunnen werken. Mijn vrienden klagen er wel over dat hun werkgevers niet zoveel flexibiliteit toelaten. Ik denk vaak dat ze er gewoon niet om durven vragen, en als ze het wel kunnen krijgen, zijn ze bang voor statusverlies. Mannen moeten beter leren onderhandelen over meer vrije tijd. Toch zie ik ook wel dat het bij sommige werkgevers voor een man not done is om parttime te werken. Wat dat betreft is er in sommige bedrijven zeker sprake van een moederschapscultuur: vrouwen worden bijna geacht om in deeltijd te gaan werken als er een kind komt, terwijl mannen dat maar moeizaam voor elkaar krijgen. 32 uur per week werken kan ook als fulltime worden gezien. Ik geloof echt dat een combinatie van werk en zorg beter is voor iedereen, voor het kind én voor de ouders.'

Hugo Bijlsma (27) werkt bij personeelszaken van een theater in Amsterdam. Zijn vriendin is marketingmanager en samen hebben ze een kind van één. Toen zijn vriendin zwanger werd, werkte zij en studeerde hij. 'Toen ik ging werken, begon ik met twintig uur. Dat is nu langzaam opgevoerd tot dertig uur per week. Nu gaat mijn dochter drie dagen naar de crèche en hebben mijn vriendin en ik beiden een zorgdag. Ik weet dat ze op mijn werk liever hebben dat ik fulltime ga werken, maar ze begrijpen ook dat ik een dag met mijn kind wil zijn. Ik denk dat het steeds normaler is voor jongeren om naast het werk meer waarde te hechten aan de zorg en een sociaal leven. Steeds meer vaders vaderen met veel plezier, en moeders werken met meer ambitie. Ik denk dat jongeren willen combineren. Ik geniet van mijn dag alleen met mijn kind zonder dat mijn vriendin zich kan bemoeien met mijn opvoeding. Ik draai harde klassieke muziek met mijn dochter en bepaal zelf wat ik op haar brood doe of wat ik haar aantrek. Daar genieten mijn kind en ik van, en we bouwen zo een band op die ik niet met mijn vader heb gehad. Ik wil ook nooit het verwijt krijgen dat mijn moeder mijn vader maakt: dat hij zich nooit met de opvoeding van mij heeft bemoeid. Alleen de financiële zorg is mij te weinig. Ik zou ook geen huisvrouw willen.'

Henry Kasper (42) is manager marketing & communicatie bij een grote non-profitorganisatie. Zijn vrouw is manager diversiteit bij de NS, en samen hebben ze twee kinderen van drie en één. Henry maakt binnenkort de overstap van manager in loondienst naar freelance interim-manager. Zijn kinderen gaan drie dagen naar de crèche. Sinds de kinderen geboren zijn, werken zijn vrouw en hij vier dagen. Maar hij maakt lange dagen en werkt ook vaak 's avonds en in het weekend. Dat is een van de redenen waarom hij als zelfstandige zonder personeel (zzp'er) wil gaan werken. Op die manier hoopt hij werk en privéleven beter te kunnen combineren. Als manager moest hij het goede voorbeeld geven door vroeg op zijn werk te zijn en laat weg te gaan. Dat brak hem op den duur op. Als zzp'er vermoedt hij veel flexibeler te zijn en meer vanuit huis te kunnen werken. Hij heeft er behoefte aan zijn kinderen wat vaker te zien, en wat minder tijd kwijt te zijn aan vergaderingen. 'Soms zat ik zelfs bij vergaderingen over printers en dan begin je je toch wel af te vragen waarom je zoveel tijd aan zulke nutteloze dingen besteedt. Terwijl je belangrijke gebeurtenissen in het leven van je kinderen mist.'

Hoewel Henry erg tevreden is over de crèche en ze die zich best kunnen permitteren, vindt hij de opvang erg duur. 'De afgelopen tijd heb ik verschillende ouders hun kind van de crèche zien halen omdat ze het zich niet meer konden veroorloven. Helaas is het wel altijd de moeder die dan stopt met werken. Er zou wat aan het imago van de crèche moeten veranderen, hoewel ik erg voor één zorgdag alleen met de kinderen ben. Ik hou van mijn kinderen, maar als mijn vrouw thuis is, merk ik toch dat ik eerder iets in het huishouden doe en zij iets met de kinderen. Door zo'n dag alleen met de kinderen bouw ik ook een band met ze op en dat kan ik andere mannen erg aanraden.'

Henry weet wel waarom mannen minder snel een zorgdag nemen, terwijl vrouwen massaal in deeltijd werken. 'Mannen kunnen over het algemeen beter onderhandelen over geld, vrouwen over tijd. Dat heeft met het zelfbeeld van mensen te maken, maar het zit vaak ook ingebakken in de organisaties. Die accepteren vaak makkelijker dat een vrouw over minder werken begint dan een man. Het schaadt het imago van een man veel eerder, terwijl het van vrouwen geaccepteerd is. Bovendien zie je vaak dat mensen die een dag minder werken hetzelfde takenpakket houden, en daardoor wordt het hangen en wurgen voor minder geld. Dat is weinig aantrekkelijk. Er zou gekeken moeten worden hoe een functie tijdelijk wat lichter gemaakt kan worden, mét de mogelijkheid om dat ook weer eenvoudig terug te draaien. Ik hoor van mijn vrouw goede geluiden over zelfroostering. Het bedrijf waar zij werkt, heeft dat een jaar geleden ingevoerd, en de werknemers zeggen nu veel meer grip op hun werk en privéleven te hebben, zonder dat zij minder zijn gaan werken. Het loonverschil tussen mannen en vrouwen moet ook echt worden weggewerkt.' Werknemers zitten zelf dus boordevol goede ideeën en oplossingen om de werk-zorgcombinatie te verbeteren, maar dan moet de werkgever daar ook de ruimte voor geven.

Slot
Ik ben een femanist!

De angst om huisvrouw te moeten worden – je kunt het je nu al bijna niet meer voorstellen, maar minder dan vijf decennia geleden was die angst nog heel reëel. Zowel het feminisme van Christien Brinkgreve als dat van Jolande Withuis is daaruit voortgekomen. Ook al ervaart Jolande het in tegenstelling tot Christien nog steeds als een reële dreiging, beiden concluderen dat mijn generatiegenoten tegen andere hindernissen aan lopen dan zij. Het wordt dan ook tijd voor een nieuwe feministische koers, met accenten die passen bij mijn generatie. Want de verhalen als die van Els, Dennis, Judith, Hulya en Camille en Tossa staan niet op zichzelf. Al deze mensen, vrouwen én mannen, hebben er behoefte aan om het werk en de zorg met hun (toekomstige) partner te delen in een samenleving die daarop is ingericht. Een samenleving die meer flexibiliteit en ruimte biedt aan het hele gezin.

Het klassieke feminisme dat zich tegen mannen richt, is vruchteloos en ouderwets. Mijn generatie mág werken en zorgen, en wil dat ook meer dan ooit tevoren. Maar terwijl powerfeministen als Heleen Mees, auteur van het boek *Weg met het deeltijdfeminisme*, zich inzetten voor vrouwen aan de top, en anderen zoals Fleur Jurgens, auteur van *Lang leve de burgertrut*, opkomen voor de thuisblijfmoeders, blijft een groeiende groep mannen en vrouwen die een goede baan met een evenwichtig gezinsleven wil combineren onbediend. Steeds meer van mijn generatiegenoten willen zowel vaderen als moederen, en daarbij gaat het al lang niet meer om een seksestrijd, maar om de mogelijkheid om het beste van werk en privé te combineren. En terwijl dat ook steeds vaker van mij en mijn generatie wordt verwacht, is er op het gebied van arbeid en zorg nog maar nauwelijks iets veranderd sinds de tijd van mijn grootouders. Een 'echte baan' is nog steeds ingericht op de ouderwetse kostwinner die wordt bijgestaan door de zorgende ander. En van die zorgende ouder wordt nog steeds verwacht dat hij of zij dag en nacht paraat staat om alle gezinsleden voortdurend te ondersteunen, te halen en te brengen en bemoedigend toe te spreken.

Natuurlijk hebben vooral vrouwen aanzienlijk meer rechten gekregen sinds de tijd van mijn grootouders. Mijn generatie mag trouwen; doe je dat niet, dan ben je niet meteen een triest geval. Als je wel trouwt, mag je blijven werken, ook als er kinderen komen. En over de kinderen hebben vrouwen inmiddels ook wettelijk gezag gekregen. Toch lijken dat gezag en die vrijheid te zijn doorgeschoten. Moeders móéten tegenwoordig alles moeiteloos combineren en hoeven niet meer als vanzelfsprekend te rekenen op respect als zij 'alleen' voor de (groot)ouders en kinderen zorgen. Vaders doen het al helemaal nooit goed, want ze werken óf te veel óf ze doen naast de zorg voor de kinderen te weinig in het huishouden. Loopt de relatie stuk, dan mogen zij hopen dat ze meer dan alimentatieverstrekker of oppas worden, zoals moeders mogen hopen dat ze financieel nog rond kunnen komen, zeker als ze gepensioneerd zijn.

Begrijp me niet verkeerd; ik ben heel dankbaar voor alle vrijheden en kansen waar mijn generatie, in tegenstelling tot die van mijn grootmoeder, gebruik van kan maken. Het wordt alleen tijd voor een volgende stap. Het onbehagen van mijn generatie is veranderd. De groep vrouwen en mannen die werk en zorg willen combineren, groeit gestaag; maar zolang werkgevers, overheid en vakbonden afwachtend naar elkaar blijven kijken, en werknemers terug naar de keukentafel sturen in plaats van de combinatie werk-zorg te vergemakkelijken, zal het onbehagen blijven groeien. Zeker als mijn generatie dat onbehagen niet aankaart, het *Opzij*-feminisme de oorzaken ervan bij 'het patriarchaat' blijft leggen en het powerfeminisme de oorzaken bij vrouwen zelf, zullen ouders en mensen met een kinderwens individueel en in stilte met dat onbehagen blijven worstelen.

Je hoeft geen genie te zijn om in te zien dat de problemen van het combineren van werk en zorg bij het individu én bij de samenleving als geheel ontstaan. Vrouwen en mannen worden in hun traditionele rol gehouden zowel door het patriarchaat als door een niet minder machtig vrouwenbolwerk: conservatieve vrouwen die werkelijk menen dat moeders die werken slechte moeders zijn en mannen die voor de kinderen zorgen geen 'echte mannen'. Maar moderne mannen en vrouwen worden ook in hun rol gehouden doordat de winkeltijden wel zijn aangepast aan hedendaagse werktijden, maar school- en werktijden nog steeds te weinig zijn aangepast aan de hedendaagse 'combinatiewens'. Willen werkende ouders een serieuze baan, dan zijn zij óf voortdurend de kinderen aan het weg organiseren óf hun partner verandert in een huisvrouw. Koppels die geen kinderen hebben maar wel willen, zitten op die manier in de spagaat tussen hun carrière en hun kinderwens en schuiven die wens voor zich uit omdat ze met kinderen geen carrière denken te kunnen maken. En de nieuwe generatie die is opgegroeid in een tijd van de tempobeurs, denkt dat ze álles ook in sneltreinvaart kan. Nu mijn kinderen naar de basisschool gaan en ik meer tijd en ruimte heb om me op mijn carrière te richten, benijden mijn oud-studiegenoten mij ineens. Zij willen nu niets liever dan kinderen, maar hebben geen idee hoe ze een gezin in moeten passen in hun carrière.

Terwijl Joost en ik steeds een klein stapje vooruit zetten, bouwden zij in sneltreinvaart hun carrières op en kochten mooie huizen met hoge vaste lasten. Nu staan ze voor de vraag wie van de twee een enorme stap terug moet doen. Want zolang de arbeidsmarkt en het onderwijs niet beter op elkaar aansluiten en mensen kinderen willen om tijd met ze door te brengen in plaats van ze volledig uit te besteden, zal elk weldenkend stel zich vroeg of laat afvragen wie van de twee de carrièreperspectieven inlevert bij de komst van een kind. Doordat mannen nog altijd sneller carrière maken en gemiddeld 7 procent meer verdienen (Emancipatiemonitor 2006), zullen zij hun werkplek waarschijnlijk vaker blijven zien dan hun kinderen. Vrouwen die financiële onafhankelijkheid boven aan hun wensenlijstje plaatsen, zullen daarentegen vaker kinderloos blijven, en vrouwen met een grote kinderwens zullen de handdoek vaker in de ring gooien. Het feit dat deze laatste vrouwen steeds vaker hoogopgeleid zijn en de ambitie hebben om een baan te zoeken die bij hun opleiding past, maakt zo'n keuze extra schrijnend. Maar in plaats van te beseffen dat de inrichting van de samenleving je tot die keuzes dwingt, denken de meeste mannen en vrouwen dat het aan henzelf ligt als ze in de knel raken: dat ze gewoon niet zo moeten zeuren.

Ook ik zeurde niet over de wachtlijsten voor de crèche, voor lagere scholen en voor zwemles. In plaats daarvan probeerde ik mijn tweede kind zo te plannen dat ik van de voorrangsregel voor broertjes en zusjes gebruik kon maken, om de wachtlijsten te omzeilen. Ik bouwde bij gebrek aan een betaalbare eengezinswoning zelfs een alkoof in ons kleine huurhuis. Ik negeerde de grootmoeders in de zandbak die me vertelden dat de crèche een verschrikking is voor een kind, evenals mijn baas die me kleineerde omdat ik hoger opgeleid was dan hij. Ik nam het voor lief dat ik al jaren kortlopende arbeidscontracten kreeg en mijn baan elk moment kon verliezen, terwijl de verzorgingsstaat zich steeds verder terugtrok. Ook berustte ik in het gegeven dat ik nog geen parttimebaan op academisch niveau had gevonden, en in het feit dat ik parttime betaald werd maar fulltime werkte. Zó fulltime dat ik overspannen raakte en mijn kind op het schoolplein vergat. Daarna liet ik me zonder enig verzet de deur wijzen door hetzelfde bedrijf waarvoor ik me over de kop had gewerkt, en verweet mijzelf dat ik het niet volgehouden had. Wat had ik dan moeten doen?

Joost en ik hadden alles eerlijk verdeeld, althans dat hadden we geprobeerd, maar na de komst van mijn eerste kind bleek er weinig te verdelen. Aangezien ik de baarmoeder heb, moest ik zwangerschapsverlof nemen en bevallen.

Ook daarna bleek die eerlijke verdeling in theorie beter uitvoerbaar dan in de praktijk.

Joost liep ook tegen een hoop ouderwetse vooronderstellingen en barrières op. Hij kreeg maar twee dagen verlof, maar kon op zijn werk wél makkelijker doorstromen en kreeg hoewel zijn baan een lager opleidingsniveau vereiste al snel meer betaald dan ik. Toch kon hij maar moeilijk minder gaan werken om meer bij zijn kinderen te zijn. Vier dagen werken werd tijdelijk toegestaan, maar toen er een grote klus binnenkwam, moest hij toch weer terug naar vijf dagen; dat werd van hem verwacht en nee zeggen zou als tegenwerking worden beschouwd. Ik dreigde met mijn kleinere parttimebaantjes juist heel gemakkelijk wegbezuinigd te worden en durfde daarom nauwelijks voor mezelf op te komen. Ik begon pas met zeuren toen ik overspannen en werkloos in de zandbak belandde terwijl Joost fulltime werkte, nota bene voor hetzelfde bedrijf dat mij ontslagen had. Ik zeurde uit zelfmedelijden, maar toen Joost uit solidariteit ontslag nam, had ik niets meer te zeuren.

Toen begon de verbazing. Ik ben hoogopgeleid, blond en blank en heb de mazzel er representatief uit te zien. Ik heb twee lieve gezonde kinderen, een zorgzame man en een groot sociaal netwerk om op terug te vallen. Inmiddels woon ik ook nog in een betaalbare vierkamerwoning aan het park, en zitten mijn kinderen op een van de beste scholen van het land. Ik heb alles maar dan ook alles mee. Waarom was het dan toch misgegaan? Als het mij al niet lukt, tegen welke problemen lopen minder gezegende mensen dan wel niet aan? En waarom hoor ik die mensen niet? Hebben ze geen tijd of denken ze dat ze moderne super-

ouders zijn die alles kunnen combineren; ambitieuze carrièretijgers die hun kinderen niet willen zien opgroeien? Of vinden zij zichzelf ondankbare kneuzen die geen gebruik maken van alle verworvenheden, en daar dus niet over durven klagen? Ook die bereiken op een dag toch hun grens?
	Ik weiger daarop te wachten. Ik heb mijn stem terug en alles mee om die te gebruiken.

Ik klaag de nationale emancipatieagenda aan. Ik protesteer tegen het feit dat het verhogen van het bruto nationaal product belangrijker is dan het allerbelangrijkste in de samenleving: gelijke kansen voor alle mensen: mannen, vrouwen en kinderen. De nadruk ligt al enige decennia op het verhogen van de arbeidsdeelname van vrouwen. Van hen wordt blijkbaar aangenomen dat zij op de huidige markt en binnen de huidige verdeling van werktijden de ruimte hebben om het aantal betaalde arbeidsuren uit te breiden. En zo wordt van mannen verwacht dat ze fulltime blijven werken en geen ruimte willen om voor hun kinderen te zorgen. Natuurlijk ben ook ik voor financiële onafhankelijkheid en vrouwen aan de top en een evenredige vertegenwoordiging in maatschappelijke en politieke besturen. Maar niet ten koste van de gelijke kans om kinderen en werk verantwoord te kunnen combineren, ongeacht sekse, afkomst of geloofsovertuiging.
	Om ervoor te zorgen dat kinderen in dit combinatiemodel niet de moderne hinderen zijn maar juist met zorg en aandacht opgeleid en opgevoed worden door vrouwen én mannen, is het nodig dat ook het ouderschap zich emancipeert uit het knellende rolpatroon. Kinderen hebben recht

op aandacht en hulp. Geef je kinderen die aandacht niet, dan kan dat grote gevolgen hebben; voor die kinderen, voor de omgeving en in ernstige gevallen voor de samenleving als geheel. Zij die toch het bruto nationaal product voorop blijven zetten, raad ik aan om kinderen eens te vergelijken met bedrijven: als die onbetrouwbaar zijn, kan dat de hele markt verpesten, kijk maar naar de kredietcrisis. Gezonde en betrouwbare bedrijven zijn daarentegen een aanwinst voor de economie en de werkgelegenheid. Dat geldt ook voor goed opgevoede kinderen. Gezonde, tevreden kinderen worden grootgebracht door gezonde en tevreden ouders. Daarom is het van belang dat beide ouders, samen of apart, een echte baan kunnen combineren met het grootbrengen van kinderen, zonder al te veel carrière- of zorgperspectieven in te moeten leveren. Werkgevers, werknemers en overheid zouden moeten investeren in kinderen, het onderwijs, de opvang en de opvoeding. De kwaliteit van de opvang en het onderwijs moet nodig verbeterd worden, met voorrang voor de tussenschoolse opvang, want nu is dat vaak goedbedoeld stuntwerk. Kinderen zouden ook gebruik moeten kunnen maken van een aaneengesloten dagarrangement op of zeer dicht bij school om op die manier het gesleep met kinderen te verminderen. Er zou voor ouders meer flexibiliteit moeten komen aan de randen van de dag, waardoor zij tijd en aandacht voor hun kinderen kunnen hebben in plaats van zich van de ene verplichting naar de andere te haasten.

Helaas kijken werkgevers eerder naar wat nodig is om jobhoppers te behouden en het fileprobleem aan te pakken dan naar het verbeteren van de werk-zorgcombinatie, al komen de oplossingen – thuiswerken en flexibele werktijden – vaak overeen. Heel vreemd is dat niet. Als het over zorg gaat, gaat het al snel over vrouwen. Zwangere vrouwen, vrouwen met zieke kinderen en 'ambitieloze' vrouwen in kleine deeltijdbanen zijn zaken waarmee werkgevers tot voor kort weinig te maken hadden. Werknemers werkten en huisvrouwen zorgden ervoor dat dat ongehinderd kon.

Maar de tijden veranderen en de scheidslijn tussen werknemer en huisvrouw is vervaagd. Vrouwen zijn steeds vaker hoger opgeleid en velen van hen zijn naast hun zorgtaken gaan werken. Omdat de arbeidsmarkt nog steeds is ingericht op de zorgloze werknemer, werken veel vrouwen in deeltijd, stellen het krijgen van kinderen uit of af, of beginnen een eigen bedrijf. Want ondanks alle risico's en ontbrekende voorzieningen blijken veel vrouwen dat aantrekkelijker te vinden dan werken in loondienst.

Het zijn vooral vrouwen in loondienst die nog steeds tegen het overbekende glazen plafond stoten. Door de geringe flexibiliteit die hun wordt geboden, kunnen zij de concurrentie met hun 'traditionele zorgloze collega's' vaak niet aan. Een eigen bedrijf biedt dan uitkomst, liefst in deeltijd. Zo behouden vrouwen de vrijheid hun werk zo efficiënt mogelijk te combineren met de zorg voor kinderen. Vreemd genoeg gelden de kortingen voor starters alleen als ze fulltime werken, waardoor die vrouwen ook daarop geen aanspraak kunnen maken. Wil de overheid werkelijk dat vrouwen meer gaan werken, dan zouden ze die regel af moeten schaffen.

Maar het zijn al lang niet meer alleen vrouwen die werkgevers confronteren met de dubbele verantwoordelijkheden van werknemers. Moderne mannen nemen steeds vaker deel aan de verzorging van hun kinderen, willen zorgverlof, een 'papadag'. Zelfs managers kiezen na hun 35ste eerder voor hun gezin dan voor hun carrière, zo bleek uit het onlangs verschenen onderzoek van Twynstra Gudde Interim Management. Maar ook voor mannen wordt deze trend door werkgevers vaak als lastig ervaren. En eerlijk gezegd: het ís lastig. Wie zich in de werkgever verplaatst, neemt liever geen jonge moeder of zorgzame vader in dienst. Nee, die kiest voor een traditionele man met een 'vrouwtje' thuis. Of nog liever een homoseksuele man – bij wie de kans op kinderen het kleinst is, en met zulk personeel kunnen werkgevers zelf ook eens thuis bij partner en kinderen zijn.

Werk delen en overdragen kost inderdaad tijd en geld, het vereist goede communicatie tussen werknemer en werkgever. Zo bezien kost het delen van de opvoeding meer moeite. Is de overdracht van de kinderen niet goed geregeld, dan bestaat de kans dat je vierjarige zoon alleen op het schoolplein achterblijft. Maar is dat een reden om terug te gaan naar het jarenvijftigmodel? Om vrouwen naar de huishoudschool te sturen en ze weer op te leiden tot moeders? Om mannen weer op te leiden tot de kostwinner die zich slechts op zondag om de kinderen bekommert? Of moeten we naar een model waarin beide ouders op zondag het vlees snijden en de kinderen volledig worden uitbesteed?

Er zijn mensen die beide modellen als wenselijk beschouwen, maar die mensen moet ik teleurstellen. Het combinatiemodel heeft de toekomst. Al was het maar om economische redenen: een eengezinswoning is niet meer van één inkomen te betalen, en het aantal eenouder- en opnieuw samengestelde gezinnen dat zorg met werk moet combineren, groeit gestaag. En ondertussen wordt er weer vrolijk op de kinderopvang bezuinigd.

Daarom kunnen werkgevers niet langer wachten op de overheid. Een gelukkige werknemer is een goede en loyale werknemer. Het loont de moeite uit te zoeken hoe een goede werknemer te behouden, want het bieden van een grotere leaseauto, een hoger salaris of gadgets alleen trekt werknemers niet meer over de streep. Steeds meer werknemers geven aan waarde te hechten aan secundaire arbeidsvoorwaarden die het mogelijk maken om naast hun werk ook tijd en aandacht aan hun privéleven te besteden. Zelfs carrièretijgers, militairen en artsen doen tegenwoordig na hun 35ste een stapje terug. Daarom is het voor werkgevers ook in hun eigen belang om gehoor te geven aan de groeiende behoefte van werknemers om werk en privé met elkaar in balans te brengen. Zij zouden werknemers wat meer flexibiliteit moeten bieden. Dat kan door middel van thuis- en telewerken, maar ook door zoiets als 'zelfroostering'. In tegenstelling tot wat vaak gedacht wordt, blijkt dé ideale werkweek namelijk niet te bestaan. Laat werknemers zelf hun werkweek samenstellen, dan blijkt dat vrijwel iedereen een andere voorkeur heeft. Zelfroosteren leidt op termijn tot een verhoogde arbeidsvreugde en een verlaagd ziekteverzuim. Natuurlijk is het gemakkelijk en prettig als dezelfde werknemer fulltime voor zijn baas klaarstaat en iedereen precies weet wat hij/zij kan verwachten, maar die tijden zijn voorbij. De nieuwe generatie wil combineren; en net als de kinderen zullen óók werkgevers en klanten daaraan moeten wennen.

Het is dus hard nodig dat de arbeidsmarkt flexibiliseert, en daar moet ook de overheid zich voor in gaan zetten. Nu roepen de overheid en de traditionele vakbonden vrouwen op om meer te gaan werken, terwijl mannen meer moeten zorgen maar zelden minder mogen werken. En ondertussen wordt alles op de mantelzorg afgeschoven. Jongeren moeten zich zo snel mogelijk op de arbeidsmarkt waarmaken, maar worden tegelijkertijd opgeroepen om op jongere leeftijd aan kinderen te beginnen. De overheid lijkt daardoor de spagaat voor jongeren en jonge gezinnen alleen maar te vergroten. Uit mijn gesprekken met werkende ouders bleek dat zij vol zitten met ideeën en oplossingen, maar er wordt maar zelden naar ouders geluisterd. Geef hun wat meer ruimte en autonomie om hun gezinssituatie zelf in te richten, bied daar handvatten voor.

Omdat ik al een tijdje naar ouders, deskundigen en werkgevers luister, ben ik onlangs mijn eigen adviesbureau begonnen. Met alle kennis die ik tijdens mijn zoektocht verworven heb, wil ik overheid en werkgevers inspireren de balans tussen werk en privé van hun personeel te verbeteren. Om ook op die manier te voorkomen dat ouders overspannen raken, bedrijven goed personeel verliezen, en kinderen in de knel komen. En ik wil werkende ouders inspireren om zichzelf een doel te stellen, daar ook echt voor te gaan en hun werkgever kenbaar te maken wat ze daarvoor nodig hebben. Wanneer ouders werkgevers laten weten dat er ook voor hen wat te winnen valt als de balans tussen werk en privé verbetert, zullen ze daar misschien eerder toe overgaan. Meer balans geeft meer energie. Op dit moment werk ik harder en flexibeler dan ooit, heb er meer plezier in dan ooit en geniet intens van de momenten met mijn kinderen.

Wil het kabinet werkelijk dat vrouwen meer werken en mannen meer zorgen, dan zal het zich dus moeten verdiepen in de behoefte van die ouders. Het zal zich af moeten vragen wie er op het moment dat vader en moeder werken voor de kinderen zorgt, want de opvang vervangt ouders niet dag en nacht; trek je aan de een, dan zul je ruimte moeten geven aan de ander. Bovendien is het van groot belang dat erop wordt toegezien dat de wet die bepaalt dat mensen voor hetzelfde werk hetzelfde betaald krijgen, ook daadwerkelijk wordt nageleefd. Dat is nu niet het geval, dus houdt ook vrijwel niemand zich eraan.

Of wil het kabinet liever niét dat mannen en vrouwen emanciperen? Laat het daar dan duidelijk voor uitkomen, want het beleid dat nu gevoerd wordt werkt zowel de traditionele gezinnen als de gezinnen met een combinatiewens op de zenuwen. Er wordt van alles aangekondigd: beter betaalbare en toegankelijke kinderopvang, buitenschoolse opvang, het afschaffen van de belastingkorting voor de nietwerkende partner, de aanrechtsubsidie en ga zo maar door. Maar in de uitvoering blijkt de overheid zo onbetrouwbaar dat ouders er niet meer op durven rekenen. Bovendien zijn de maatregelen om de combinatie van werk en zorg te verbeteren van het niveau 'een beetje prittstift en een stukje stopverf en dan zien we wel of het houdt tot we het weer wegbezuinigen'. Zo'n overheid bewaart misschien de vrede in het kabinet – maar creëert chaos bij mensen thuis.

Ook de traditionele vakbonden roep ik op om wakker te worden. Die blijven te vaak kant-en-klare oplossingen bieden op achterhaalde problemen. Terwijl de vakbonden zich ervoor inzetten om cao's van nog mooiere gouden randjes te voorzien, vergeten ze dat de groep werknemers die daar aanspraak op mag maken, vergrijst en krimpt: werkgevers doen er alles aan om de nieuwkomers buiten die prachtige cao's te houden. Vrouwen, allochtonen en jongeren kunnen vaak alleen maar kijken naar de mooie voorzieningen en verlofregels waar hun grijzende mannelijke collega's recht op hebben. En waar vooral die traditionele mannen vaste contracten krijgen, blijven de vakbonden zich afvragen waarom er toch zo weinig gebruik wordt gemaakt van al die prachtige verlofregelingen.

De traditionele vakbonden behartigen nog steeds de belangen van grootvaders en grootmoeders, en die van de babyboomgeneratie. De belangen van mij en mijn generatie zien ze nog te veel over het hoofd. Het wordt daarom tijd dat ook zij doorkrijgen dat er meer is dan een vast contract en een vijfentwintigjarige loopbaan bij dezelfde werkgever. Het wordt tijd om voorzieningen en premies los te koppelen van werkgever en branche. Koppel ze liever aan het sofinummer van de werknemer. De nieuwe generatie wil flexibel kunnen combineren en hopt steeds vaker tussen organisaties, branches en landen en draagt ondertussen premies af aan regelingen waar ze zelden gebruik van kan maken, omdat zij alweer naar een andere branche is gehopt.

Helaas blijven de conservatieve vijftig- en zestigjarige *decision makers* uit politiek en bedrijfsleven alleen naar de kosten kijken en niet naar de baten of de winst die een investering in de werk-zorgcombinatie kan opleveren. Dat is een gemiste kans. Zo'n investering baat niet alleen de werkgever en de werknemer, ze draagt ook bij aan het bruto nationaal geluk. Ze zorgt voor gelukkige medewerkers en schept de randvoorwaarden voor een grotere gelijkheid in de verhouding tussen mannen en vrouwen, zowel thuis als op de werkvloer. Vrouwen op de arbeidsmarkt worden zo meer dan tikkende baarmoeders, terwijl mannen zo meer worden dan alleen kostwinners.

Verder is het hard nodig dat het *Opzij-* en powerfeminisme zelf emancipeert uit rolpatronen die als knellend worden ervaren. Dat type feminisme staat het combinatiemodel hardnekkig in de weg. Het vindt moderne vrouwen pas werkelijk geëmancipeerd als die zich spiegelen aan de traditionele zorgloze mannen. Vrouwen en mannen met zowel ambitie op het werk als thuis zijn volgens dit feminisme ambitieloze deeltijdfeministen, en thuisblijfmoeders worden afgeserveerd als parasieten. Niemand zou tegen zijn of haar wil thuis moeten blijven om voor de kinderen te zorgen. Maar ook niemand zou ongewenst kinderloos moeten blijven. Financiële onafhankelijkheid als enig emancipatiedoel werkt dat echter wel in de hand: vrouwen blijven zich spiegelen aan mannen. Maar als beide partners zich de rol van de traditionele man aanmeten, waar blijven de kinderen dan? Zolang mannen niet kunnen baren, zullen kinderen volgens dat harde feminisme hinderen blijven. Dat kan toch niet de bedoeling zijn? Misschien kun je geen olympisch kampioen worden als je het beste van beide wilt combineren, maar de meeste mensen hebben die ambitie ook helemaal niet. De meeste mensen hebben de ambitie om van werk, kinderen en elkaar te genieten, meer niet.

Ik roep dat type geharnaste feministen dan ook op om

zich te verdiepen in hun eigen kinderen of die van een ander, en te zien in welke spagaat die zonen en dochters zich bevinden. Het willen combineren is geen schande, het is noodzaak en ambitie ineen. Serveer moderne zorgvaders die de ambitie hebben om werk en gezin te combineren niet meteen af, maar geef hun een voorbeeld- en voorhoedefunctie. Dat zorgvaders alleen de comfortabele zorgtaken overnemen en gaan golfen op hun papadag, terwijl ze het huishouden aan hun vrouw overlaten, is net zo'n flauwe dooddoener als het naakte feit dat vrouwen, die ervoor kiezen om te werken, de financiële hoofdverantwoordelijkheid vaak bij mannen laten. Wij, mannen én vrouwen, maken graag aanspraak op elkaars leukere taken en laten de rotklussen liever aan de ander over. Niets menselijks is ons vreemd.

Maar de mannen en vrouwen van de nieuwe generatie zullen ook naar zichzelf en vooral naar elkaar moeten kijken. Het zijn niet alleen individuele problemen die gezeur lijken vergeleken met de wezenlijke vrijheidsbeperkingen van vroeger. Natuurlijk hebben wij het beter dan ooit, maar dat betekent niet dat we het er maar bij moeten laten. De combinatiebehoefte en de daarmee gepaard gaande stress is iets wat met veel geduw en getrek individueel kan worden opgelost; maar als een grote groep mensen aangeeft daar behoefte aan te hebben en zich daar collectief voor inzet, zal het veel makkelijker gaan. Samen een vuist maken voor betere werk-zorgverhoudingen – nu echt – maakt ons niet meteen tot enge feministen. Het is hoog tijd om er sámen voor te zorgen dat de emancipatiestrijd geen seksestrijd meer is, maar een strijd niet tégen maar mét moderne mannen en tégen conservatievelingen die terugverlangen naar de tijd van de strikte rolverdeling van onze grootouders. Pas als de voorhoede uit vrouwen én mannen bestaat en de achterhoede niet in stilte naar haar navel staart, pas dan zullen de *Opzij-* en powerfeministen, de werkgevers, werknemers en de overheid ervan doordrongen raken dat de nieuwe werknemer zorgt en de nieuwe ouder werkt – mannen en vrouwen in hoge en lage functies, en met welke achtergrond dan ook. De verlangens en wensen van mijn generatie worden niet ingegeven door de sekse, maar door de wens om voor haar kinderen te zorgen én te werken. De arbeidsmarkt, de overheid, het onderwijs en de traditionele vakbonden spelen daar nog te weinig op in. En daar hebben mannen net zoveel last van als vrouwen.

Het is tijd voor een emancipatiebeweging in plaats van een vrouwenbeweging. Een beweging die de emancipatiekramp collectief doorbreekt en de rechten en plichten van mannen en vrouwen zo helpt bij te schaven dat ze beter aansluiten bij de behoeften, wensen en verlangens van de nieuwe generatie; het 'glazen plafond' voor vrouwen is een 'glazen vloer' voor mannen, en ondertussen zitten onze kinderen in een 'glazen kooi'. Daarom roep ik mannen en vrouwen op om dat glas te breken en in beweging te komen. Weg met het feminisme, leve het femanisme!